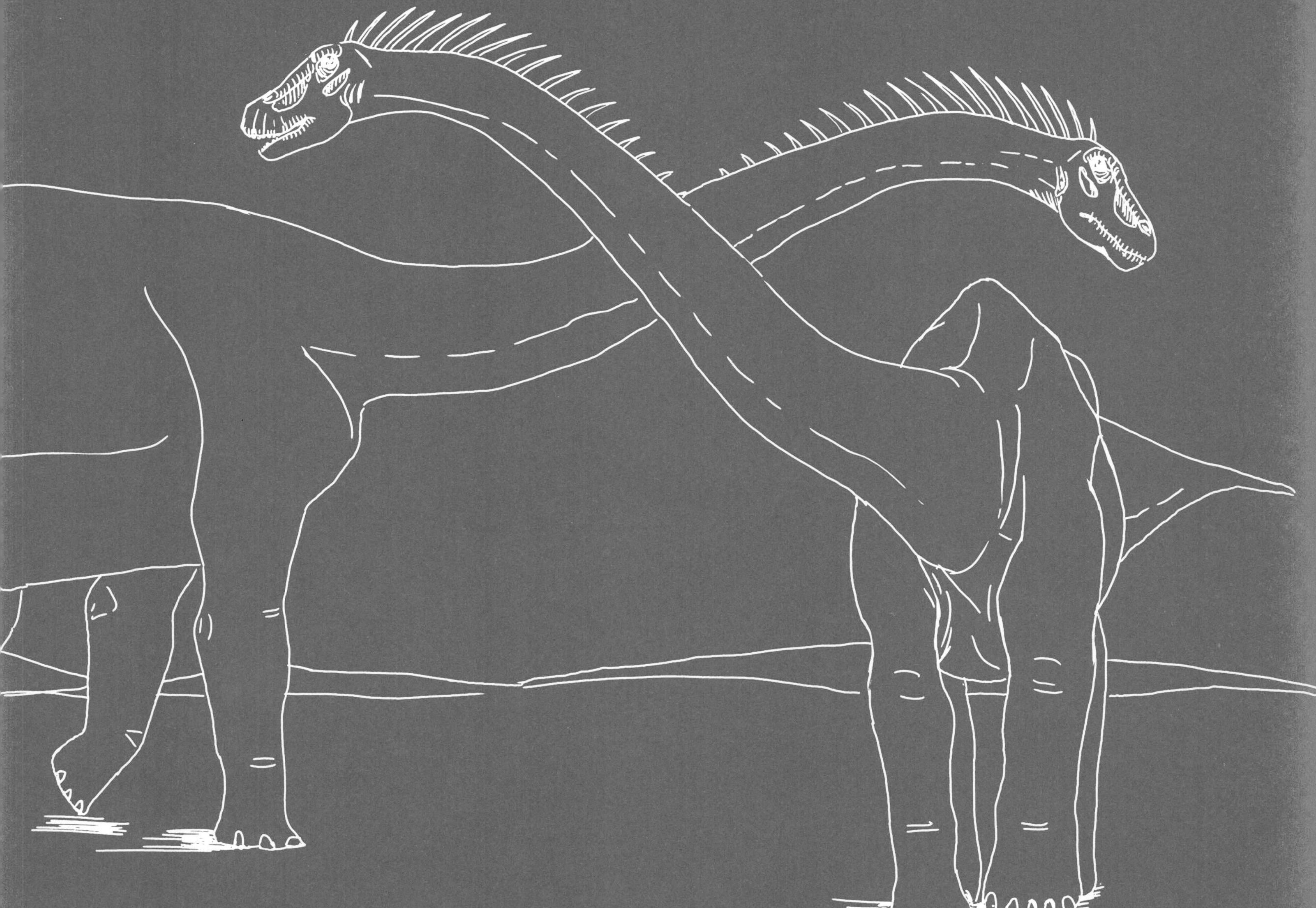

Lesen
Staunen
Wissen

Eberhard Frey

Dinosaurier

Auf den Spuren der Urzeitechsen

Illustrationen von Julie Sodré

GERSTENBERG

Die Einbandabbildung zeigt zwei Brachiosaurier und einen *Giganotosaurus,* einen Raubsaurier (oben).

Lesen
Staunen
Wissen

Prof. Dr. Eberhard Frey, geb. 1953, war schon als Kind von Dinosauriern begeistert, was ihm den Spitznamen »Dino« einbrachte. Heute sucht er auf zahlreichen Grabungen im In- und Ausland nach den Überresten der Urzeitechsen. Er leitet die Geowissenschaftliche Abteilung des Staatlichen Museums für Naturkunde in Karlsruhe und lehrt an der dortigen Universität Zoologie.

Copyright © 2010 Gerstenberg Verlag, Hildesheim
Alle Rechte vorbehalten
Grafiken (S. 10/11, 14/15) und **Karte** (S. 62)
Peter Palm, Berlin
Einband, Gestaltung, Satz
Farnschläder & Mahlstedt, Hamburg
Druck Offizin Andersen Nexö, Zwenkau
Printed in Germany
www.gerstenberg-verlag.de
ISBN 978-3-8369-5568-3

Für Tasmin, Doris und Dreo

Der *Tarbosaurus,* auf Deutsch »furchteinflößende Echse«, trägt seinen Namen zu Recht.

Inhalt

Dinosaurier — die Schreckensechsen 4

Erste Entdeckungen:
Von Riesen und Ungeheuern 6
Spuren lesen:
Was wir über die Dinos wissen können 8
Die Zeit der Dinosaurier:
Das Erdmittelalter 10
Wie alles begann 12
Die kleinen Unterschiede:
Echsenbecken – Vogelbecken, Fleischfresser – Pflanzenfresser 14

**Echsenbeckendinosaurier —
Giganten der Urzeit** 16

Raubsaurier:
Theropoda: Räuber auf zwei Beinen 18
Killer mit Zähnen und Klauen 20
Schnäbel und Sensenkrallen 22
Gefiederte Räuber 24
Die Dinos heben ab 26
Langhalsdinosaurier:
Sauropoda: mit langem Hals und Säulenbeinen 28
Luft und volle Mägen 30
Sauropodenhälse: lang oder beweglich 32
Erstaunliches aus der Sauropodenwelt 34

**Vogelbeckendinosaurier —
wehrhafte Vegetarier** 36

Gut gekaut ist halb verdaut:
Von Mahlwerken und Häckslern 38
Cerapoda:
Leguanzähner, Entenschnäbler, Trompetennasen 40
Hornschädler 42
Dickschädel 44
Panzersaurier:
Ankylosaurier – mit Panzer und Keule 46
Stegosaurier – Dinos mit Stachelschwanz 48

Zeitgenossen der Dinosaurier 50

Echsen der Meere:
Räuber unter Wasser 52
Saurier der Lüfte:
Auf ledernen Schwingen 54

Die Arbeit der Dinodetektive 56

Dinoforschung damals und heute:
Dino-Boom 58
Abstammungsstreit und Aussterbetheorien 60

Fundstellen weltweit 62
Tipps für Nachwuchsforscher 63
Register 64

Wer würde nicht gerne einmal einen *Brachiosaurus* aus der Nähe sehen? (Szenenbild aus dem Film *Jurassic Park* von Steven Spielberg, USA 1993)

Dinosaurier – die Schreckensechsen

Dinosaurier – kaum eine andere Tiergruppe zieht die Menschen so in ihren Bann wie die »Schreckensechsen«. Dabei sind die Reptilien schon vor 65 Millionen Jahren ausgestorben! Der Spielfilm *Jurassic Park* aus dem Jahr 1993 lockte Millionen Zuschauer in die Kinos, die die Schreckensechsen »lebend« sehen wollten. Die neuen Tricktechniken machten das Unmögliche möglich: Da jagt ein *Tyrannosaurus* brüllend hinter einem Auto her, ein *Dilophosaurus* spuckt Gift und ein turmhoher *Brachiosaurus* niest ein Mädchen an. Neun Jahre später flimmerte die fiktive Dokumentation *Im Reich der Giganten* über die Fernsehschirme in aller Welt. Diesmal wurden Paläontologen um Rat gefragt – das sind Wissenschaftler, die sich mit ausgestorbenen Lebewesen beschäftigen. Die Filmemacher staunten nicht schlecht, als sie merkten, dass die Forscher in vielen Dinofragen uneins, ja zerstritten waren. Gut für die Filmemacher, denn die suchten sich das aus, was ihnen am spannendsten schien.

Bis heute sind die Dinosaurier aus den Medien nicht wegzudenken. Jedes Jahr faszinieren neue spektakuläre Dinosaurierfunde die Öffentlichkeit. Doch trotz modernster Technik bleibt die Dinosaurierjagd ein Abenteuer. Die Dinoknochen müssen mühsam ausgegraben und präpariert werden. Manchmal ändert ein einziger Fund das Bild einer ganzen Sauriergruppe.

Weil es keinem Menschen je gelingen wird, lebende Dinos zu studieren, werden immer Fragen offen bleiben: Wie sahen sie aus? Wo lebten und was fraßen sie? Warum sind sie ausgestorben? Und woher haben wir unser heutiges Wissen über die Dinosaurier? Um all das geht es in diesem Buch. Es wird allerdings immer etwas Fantasie nötig sein, um die Urweltgiganten zum Leben zu erwecken und sich vorzustellen, sie wären noch unter uns – die Dinosaurier.

Erste Entdeckungen

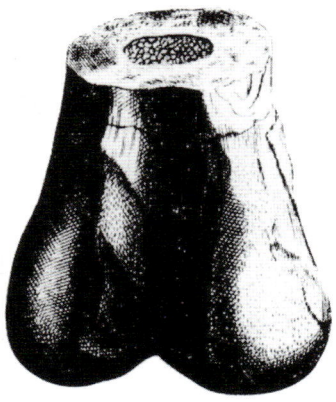

Diese erste Abbildung eines Dinosaurierknochens stammt aus dem Jahr 1677. Sein Finder Robert Plot wertete den Knochen als Beweis dafür, dass es den Riesen Goliath aus der Bibel wirklich gegeben hatte. Erst viel später wurde der Knochen dem Raubsaurier *Megalosaurus* zugeordnet.

Der erste Dinopark Sir Richard Owen (1804–1892) eröffnete zusammen mit dem Bildhauer Benjamin Waterhouse Hawkins 1854 den ersten Dinopark aller Zeiten. Kurz vor der Fertigstellung des Parks lud Owen zwanzig Gäste zum Neujahrsessen in eine noch im Bau befindliche *Iguanodon*-Skulptur ein. Anschließend bestaunten Hunderttausende die Wesen aus einer anderen Zeit. Die lebensgroßen Dinosaurierskulpturen stehen noch heute im Sydenham-Park bei London.

Ausbruch des Dinofiebers: Abendessen im Dinobauch

Von Riesen und Ungeheuern

Die ersten Dinosaurierknochen, die vielleicht schon vor Hunderten von Jahren gefunden wurden, lagen vermutlich an der Erdoberfläche herum. Bestimmt war es vor allem die Größe dieser Knochen, die die Fantasie ihrer Finder beflügelt hat. Ganz klar: Die Riesenknochen mussten von Ungeheuern stammen! Manche Sage von Drachen und Riesen beruht sicherlich auf dem Fund von Dinosaurierknochen.

Der erste Dinosaurierknochen, der in einer Zeitschrift abgebildet wurde, stammt aus einem Kalksteinbruch in der Nähe der englischen Stadt Oxford. Arbeiter hatten ihn im Jahr 1676 gefunden. Der Oxforder Chemieprofessor Robert Plot erkannte sofort, dass er das Bruchstück eines riesigen Oberschenkelknochens vor sich hatte, und da ihm kein solch riesenhaftes Tier bekannt war, beschrieb er den Knochen 1677 ganz einfach als Teil des Kniegelenks eines Riesen. Doch die Wissenschaft macht während der nächsten 150 Jahre gewaltige Fortschritte: Geologen entdecken das unglaubliche Alter mancher Gesteinsschichten. Biologen vergleichen Tiere und Pflanzen und ordnen sie zu Gruppen. Die wichtigste Entdeckung aber ist die, dass es offensichtlich Wesen gegeben haben musste, die es heute nicht mehr gibt, dass das Leben sich also ständig verändert.

William Buckland (1784–1856), erster Geologieprofessor in Oxford, glaubte nicht an Riesen oder Drachen. Die merkwürdigen Knochen aber, die ihm Steinbrecher gebracht hatten, konnte er einfach nicht bestimmen. Als Geologe wusste Buckland, dass die Knochen aus 170 Millionen Jahre alten Gesteinen der Jurazeit stammen. 1818 erhielt er von dem Pariser Anatomen Georges Cuvier den entscheidenden Tipp: Die Knochen stammen von

William Buckland war Geologieprofessor an der berühmten Universität Oxford und wollte durch seine Forschung die Schöpfungsgeschichte der Bibel beweisen. 1824 untersuchte er dieses Knochenbruchstück – es ist ein Teil des gewaltigen Unterkiefers vom Raubsaurier *Megalosaurus*.

Dinosaurier – die Schreckensechsen

> »Wie Frankenstein war ich erschrocken von dem riesigen Ungeheuer, das meine Untersuchungen zum Leben erweckt hat.«
> **Gideon Mantell**

riesigen Echsen. So bekam 1824 schließlich der erste Dino einen Namen – *Megalosaurus*. Buckland übersetzte einfach das Wort »Riesenechse« ins Lateinische. Nach den Regeln für wissenschaftliche Namen bezeichnet *Megalosaurus* nur die Gattung, nicht aber die Art. *Megalosaurus* ist also nur eine Art »Familienname«. Ein »Vorname« musste her, damit der Artname vollständig war. Heute heißt der Raubsaurier *Megalosaurus bucklandi* – der »Vorname« wird bei der wissenschaftlichen Namensgebung einfach angehängt.

Der Begriff »Dinosaurier« entstand erst 18 Jahre später, als der englische Naturforscher Sir Richard Owen über den fossilen Überresten riesiger Echsen grübelte. Die Reptilien, zu denen die Knochen gehörten, mussten mindestens so groß wie Elefanten gewesen sein! Am 2. August 1842 stellt der Arzt und Anatom, damals Direktor des Naturgeschichtlichen Museums in London, der Britischen Gesellschaft für Wissenschaftlichen Fortschritt sein Verzeichnis der fossilen Reptilien Englands vor. Für die drei Gattungen *Megalosaurus*, *Iguanodon* und *Hylaeosaurus*, von denen man Knochen gefunden hatte, hat Owen eine neue Reptiliengruppe geschaffen: die »Dinosauria«, zu Deutsch »Schreckensechsen«. So kamen die Dinosaurier zu ihrem Namen.

In diesem Steinbruch im Süden Englands fand der Privatgelehrte und Sammler Gideon Mantell zahlreiche Dinosaurierknochen und -zähne. Er bestimmte sie als Überreste eines Riesenleguans.

Der Heilige Georg tötet den Drachen und rettet die Prinzessin aus den Fängen der Bestie. Diese Legende vom Drachentöter entstand bereits zur Zeit der Kreuzzüge im 12./13. Jahrhundert.

Die Theorie vom Wandel der Arten Um die Erkenntnis, dass sich das Leben auf der Erde ständig verändert, wurde noch vor 150 Jahren erbittert gestritten. Vielen Gelehrten schien es unvorstellbar, dass die Schöpfungsgeschichte der Bibel nicht stimmen sollte. Nach ihr hat Gott die Welt, wie wir sie heute kennen, mitsamt allen Tieren und Pflanzen darauf in sechs Tagen erschaffen. Heute erscheint uns die Evolutionstheorie vom Wandel der Arten ganz selbstverständlich.

Spuren lesen

Was sind Fossilien? Fossilien sind versteinerte Überreste von Pflanzen und Tieren. Die ursprünglichen Körpersubstanzen sind längst zerfallen und wurden meist durch Mineralien ersetzt. Dadurch sind sie stabil. Auch Kot, Speiballen, Eier, Nester, Fährten und andere Lebensspuren können versteinern und so zu Fossilien werden. Das Wort Fossilien kommt aus dem Lateinischen, und »Fossilium« bedeutet »das Vergrabene«.

Kaum vorstellbar, dass diese Fossilien – Dinoeier (links) und Fährten (rechts) – von einem lebendigen Dinosaurier stammen!

Wie schnell war ein Raptor? Seine Spuren verraten es: Aus der Größe des Fußes und der Schrittweite können Paläontologen die Geschwindigkeit des Dinos errechnen.

Dino-Taufe Wer einen neuen Dinosaurier entdeckt und beschreibt, darf ihm einen wissenschaftlichen Namen geben. Der Name ist Lateinisch oder Griechisch und besteht aus zwei Teilen: dem Gattungs- und dem Artnamen. Das ist so ähnlich wie bei uns, wo jeder einen Ruf- und einen Familiennamen hat. Hinter dem Artnamen des Dinos folgt dann noch der Nachname des Beschreibers und das Jahr der ersten Veröffentlichung. Der Saurier *Diplodocus* heißt mit vollem Namen z. B. *Diplodocus carnegiei* (Marsh, 1878). Der Gattungsname *Diplodocus* bedeutet »Doppelbalken«. Der Artname *carnegiei* ehrt den Industriellen Andrew Carnegie, der viel für die Paläontologie getan hat. Das Tier heißt also auf Deutsch »Carnegies Doppelbalken« und wurde erstmals beschrieben von Othniel Charles Marsh im Jahr 1878.

Was wir über die Dinos wissen können

Seit die Dinosaurier ihren Namen bekommen haben, hat sich in der Dinoforschung viel getan. Dass wir heute so viel über Dinosaurier wissen, verdanken wir vor allem den Paläontologen, Wissenschaftlern also, die sich mit den Überresten von Lebewesen vergangener Erdzeitalter beschäftigen – auch mit Dinosaurierknochen. Die Paläontologie ist eine vielseitige Wissenschaft. Um das Aussehen und die Lebensweise eines Dinosauriers zu rekonstruieren, schauen sich Paläontologen heute lebende Tiere und deren Lebensweise an. Die Biologie liefert also wichtige Daten über das Leben der Dinosaurier. Mithilfe der Geologie kann ein Paläontologe Alter und Herkunft der Gesteine bestimmen, in denen Dinosaurierreste eingebettet sind. Daher weiß man heute, wann die Dinos gelebt haben. An den Gesteinsschichten sind Veränderungen der Erde über lange Zeiträume ablesbar – auch Katastrophen, die manchem Dinosaurier zum Verhängnis wurden.

Heute geben die Dinoknochen dank modernster Techniken viele Geheimnisse preis. Die Knochen verraten uns beispielsweise, wie alt das Tier war, wie es sich fortbewegte und wie schnell es gewachsen ist. Doch Dinoknochen haben noch mehr zu bieten! Sie lagern nämlich im Laufe eines Dinolebens Informationen über Atemluft, Nahrung und Trinkwasser des Tieres ein. Dadurch kennen wir heute das Klima und die Zusammensetzung der Luft, die die Dinos geatmet haben, und auch chemische Bestandteile von Nahrung und Trinkwasser. Auch die Chemie leistet also einen Beitrag zur Paläontologie.

Wird ein neues Dinoskelett gefunden, versuchen Paläontologen, die Art zu bestimmen, es also einer Dinosaurierart zuzuordnen, die man schon kennt. Gelingt das

Dinosaurier – die Schreckensechsen

nicht, gilt der Dinosaurier als neu entdeckt. Er wird beschrieben und bekommt einen neuen Namen, und der muss einzigartig sein. Stellt sich später heraus, dass die Knochen zu einem schon bekannten Saurier gehören, wird der neue Name ungültig. So sind die Regeln. Der Paläontologe Othniel Marsh nannte beispielsweise 1877 einen Langhalsdino »*Apatosaurus*«. Zwei Jahre später fand er das Skelett eines anderen Langhalsdinosauriers, den er »*Brontosaurus*« taufte. Als man später merkte, dass beide zur gleichen Art gehören, wurde der jüngere Name »*Brontosaurus*« ungültig.

Bis heute sind etwa 2100 Dinosaurierarten wissenschaftlich beschrieben, jährlich kommen etwa 30 neue dazu. Immer wieder werden aber auch Arten ungültig, wenn man wie beim *Apatosaurus* entdeckt, dass eine vermeintlich neu entdeckte Art schon längst bekannt ist. Kein Mensch weiß, wie viele Dinosaurierarten die Welt des Erdmittelalters durchwanderten!

Die Dinos waren äußerst vielgestaltig: Es gab Pflanzen-, Fleisch-, Aas- und Allesfresser. Einige liefen auf vier Beinen, andere nur auf ihren Hinterbeinen. Viele waren gepanzert, andere hatten Hörner, Knochenplatten, Stacheln oder Rückensegel. Es gab sowohl 50 Zentimeter lange Zwerge als auch 50 Meter lange Giganten.

Mit Schaufeln und Hacken wird in den Bergen Nordmexikos das Skelett eines Meeressauriers freigelegt – eine wahre Knochenarbeit!

Das Ziel ist erreicht: Bis so ein Spinosaurierkelett steht, vergehen Hunderte Stunden harter Arbeit. Dazu braucht es viel Geduld.

Alles hat seine Ordnung — auch bei den Dinos

Die Dinosaurier werden wie alle Lebewesen aufgrund gemeinsamer Merkmale zu Arten, Gattungen, Familien und höheren Gruppen zusammengefasst. Am Beispiel des *Apatosaurus* sieht das so aus:

- **Art** *Apatosaurus excelsus* (dt. »erhabene trügerische Echse«)
- **Gattung** *Apatosaurus* (dt. »trügerische Echse«)
- **Familie** Diplodocidae (dt. »Doppelbalkenartige«)
- **Überfamilie** Sauropoda (dt. »Echsenfüßer«)
- **Unterordnung** Sauropodomorpha (dt. »Echsenfüßerartige«)
- **Ordnung** Saurischia (dt. »Echsenbeckensaurier«)
- **Überordnung** Dinosauria (dt. »Schreckensechsen«)
- **Unterklasse** Archosauromorpha (dt. »Herrscherechsenartige«)
- **Klasse** Reptilia (dt. »Kriechtiere«)

Je tiefer wir in das Dinosauriersystem vordringen, desto strittiger wird es. Darum ist es besser, solange einfach von Dinosauriergruppen zu sprechen, ohne sich auf einen Rang festzulegen, bis sich die Systematiker einig sind.

Apatosaurus wurde bis zu 20 Meter lang. Der riesige Vegetarier lebte in der Oberkreide Nordamerikas.

Die Zeit der Dinosaurier

Die Kontinente, auf denen wir leben, bewegen sich – etwa so schnell, wie ein Fingernagel wächst. Sie treiben auf dem glutflüssigen Erdinneren, dem Magma. Diese Kontinentaldrift hat dazu geführt, dass die Welt der Dinos sich ständig änderte.

Fast alle der hier abgebildeten Saurier findest du mit eigenem Steckbrief in diesem Buch!

Das Erdmittelalter

Zu Beginn des Erdmittelalters, am Anfang der Triaszeit, ist das Klima trocken. Fast alle Landmassen der Erde sind in einem einzigen Riesenkontinent vereint, den die Geologen »Pangäa« oder Ganzwelt tauften. Pangäa ist von Wüstenlandschaften geprägt. Entlang der wenigen Flüsse und Seen gedeihen auch Nadelbäume, Farne und Schachtelhalme. Den Reptilien mit ihrer Schuppenhaut macht das trockene Klima nichts aus. Sie legen Eier mit einer harten Kalkschale. In diesem kleinen Aquarium voller Eiklar wachsen die Echsenkinder geschützt heran und gehen gleich nach dem Schlüpfen auf Nahrungssuche. In dieser Welt entstehen vor gut 250 Millionen Jahren die ersten Dinosaurier.

In der Mittleren Triaszeit wird das Klima feuchter. Große Seen und Flüsse, gesäumt von lichten Wäldern, prägen die Landschaft. Zu dieser Zeit haben sich die Dinosaurier bereits in Fleisch- und Pflanzenfresser aufgespalten. Rasch breiten sich die Dinosaurier über die ganze Welt aus.

In der darauf folgenden Jurazeit beginnt Pangäa von Osten her auseinanderzubrechen. Entlang des Äquators entsteht ein Meer, das am Ende der Jurazeit den Nordkontinent Laurasia vom Südkontinent Gondwana trennt.

Trias – die Welt der ersten Dinosaurier

Jura – jetzt gibt es Dinos weltweit

Dinosaurier – die Schreckensechsen

In dem für die Dinos günstigen, feuchtwarmen Klima des Jura nimmt die Formenvielfalt der Saurier ständig zu. Im Schatten der Wälder lauern große Raubsaurier auf Pflanzenfresser, die auf der Suche nach Nahrung in riesigen Herden den großen Flüssen oder den Küsten folgen. Viele von ihnen sterben am Ende des Jura aus, als das Klima für kurze Zeit wieder trocken wird.

Die Kreidezeit, der letzte Abschnitt des Erdmittelalters, beginnt mit einer zweiten Dinosaurierblüte. Laurasia und Gondwana sind jetzt vollständig getrennt. Auf jedem Kontinent entstehen nun eigene Dinosaurierarten. In der Oberkreide, vor 90 bis 100 Millionen Jahren, leben die größten Dinosaurier aller Zeiten. Dann beginnen auch die beiden Großkontinente auseinanderzubrechen. Der Meeresspiegel steigt dramatisch an. Aus der weiten Welt der Dinosaurier wird ein Inselreich. Ständig wechselnde Meeresströmungen lassen das Klima verrückt spielen. In dieser Zeit beginnen die Blütenpflanzen mit ihren robusten Samen viele Pflanzen des Erdmittelalters zu verdrängen, darunter auch Futterpflanzen der Dinosaurier. Die Dinos werden seltener. Am Ende der Kreide, vor etwa 65 Millionen Jahren, verschwinden die Dinosaurier von der Erdoberfläche – mit einer Ausnahme: die Vögel.

Nicht nur Dinosaurier! Die ersten Reptilien entwickelten sich im Erdaltertum, etwa 100 Millionen Jahre, bevor die ersten Dinos entstanden. Damals bedeckten riesige Sumpfwälder die Erde. Zu dieser Zeit tauchte eine zweite Gruppe von Landtieren auf, die Synapsiden, frühe Vorläufer der Säugetiere.

Am Ende des Erdaltertums, der Permzeit, wurde es rasch trockener und Wüsten breiteten sich über die Erde aus – der ideale Lebensraum für die sonnenhungrigen Reptilien. Trotzdem waren die Synapsiden in der Permzeit die vorherrschenden Landwirbeltiere, darunter Raubtiere von acht Metern Länge. Die meisten dieser Tiere fielen jedoch einer Eiszeit am Ende des Perm zum Opfer. Aus kleinen Synapsiden, die überlebten, entwickelten sich später die Säugetiere.

Tertiär – Aufbruch der Säuger

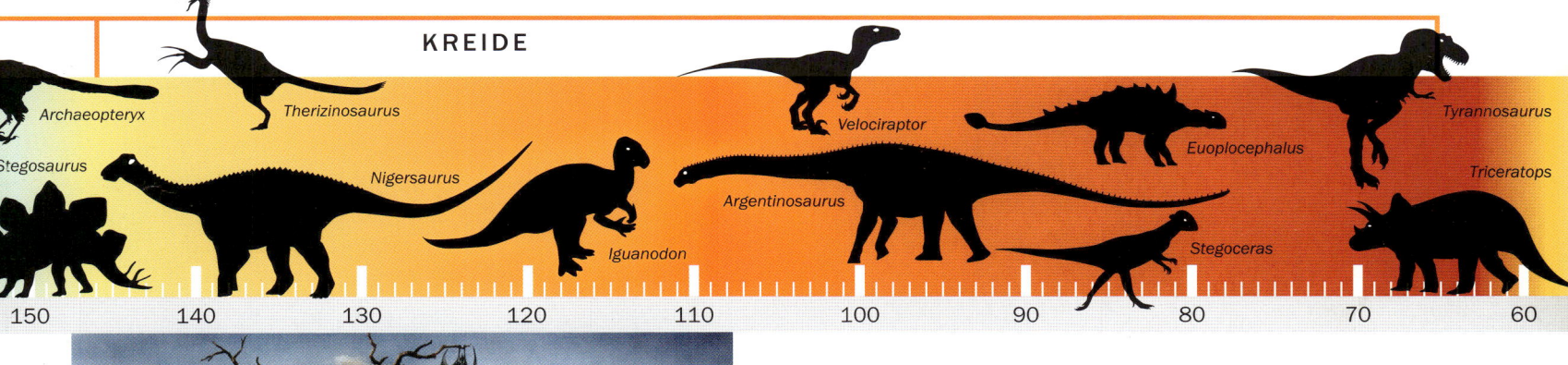

Kreide – die letzten Giganten bevölkern die Erde

Die Erde ist uralt – unvorstellbare 4,55 Milliarden Jahre. Geologen haben diesen langen Zeitraum in Erdaltertum, Erdmittelalter und Erdneuzeit eingeteilt. Die Zeit der Dinosaurier ist das Erdmittelalter oder Mesozoikum, es wird unterteilt in die Abschnitte Trias-, Jura- und Kreidezeit. Das Erdmittelalter beginnt vor 251 Millionen Jahren und endet vor 65,5 Millionen Jahren. Die Dinos waren also unglaubliche 185,5 Millionen Jahre die vorherrschenden Landtiere. Zum Vergleich: Menschen gibt es erst seit sechs Millionen Jahren!

Die Zeit der Dinosaurier

Phytosaurier waren krokodilähnliche Archosaurier aus der Trias.

Schädel eines Archosauriers: Die fünf Öffnungen – die sogenannten »Schädelfenster« – sind typisch für die »Herrscherreptilien«. Archosaurier sind die direkten Vorfahren der Dinosaurier.

Ein kleiner Vorgänger der Dinosaurier

Lagosuchus heißt »Hasenechse«. Der Miniarchosaurier war gerade mal 30 Zentimeter lang. Wissenschaftler vermuten, dass *Lagosuchus* normalerweise auf allen vieren ging. Die Vorderbeine wurden nur beim Rennen hochgezogen. So wie dieser kleine Saurier müssen die Vorläufer der Dinosaurier ausgesehen haben. Heute noch lebende Archosaurier sind Krokodile und Vögel.

Wie alles begann

Dinosaurier gehören zu den Archosauromorpha, genauso wie ihre direkten Vorfahren, die Archosaurier. Die Archosauromorpha sind eine Gruppe von Reptilien, deren Zähne tief in den Kieferknochen verankert sind. Diese ursprünglich räuberischen Echsen hatten zudem gewaltige Kaumuskeln, verfügten also über einen sehr kräftigen Biss. Wie sahen diese Vorgänger der Dinos aus, und wie lebten sie? Und wie kam es zur Entwicklung der Dinosaurier?

Das Perm endete mit einer mörderischen Eiszeit. Mit den wachsenden Eiskappen an den Polen wichen die Meere zurück. Das Klima auf der Welt wurde trockener. Die Archosaurier konnten Trockenheit ertragen. Sie überlebten und breiteten sich, als es zu Beginn der Trias wieder wärmer wurde, über die Erde aus. Manche, wie die Phytosaurier, sahen den heutigen Krokodilen ähnlich und machten die Ufer von Flüssen und Seen unsicher. Andere, wie die bis zu acht Meter langen Rauisuchier, jagten an Land. Beide liefen auf allen vieren. Die Beine der Rauisuchier lagen nicht neben dem Körper, sondern trugen ihn von unten. Die starken Hinterbeine lieferten den Antrieb. Die Vorderbeine waren etwa halb so lang wie die Hinterbeine, sie federten den Rumpf mit dem zähnestarrenden Schädel beim Laufen ab. Wie fast alle Archosaurier hatten Rauisuchier einen Rückenpanzer. Der bestand aus einer Doppelreihe von Knochenplatten entlang der Wirbelsäule. Ähnlich wie bei den heutigen Krokodilen setzten an diesen Platten die Rückenmuskeln an, die beim Laufen angespannt wurden und so den Körper stabilisierten. Damit konnten die Rauisuchier wie moderne Krokodile für kurze Strecken galoppieren, um Beute zu

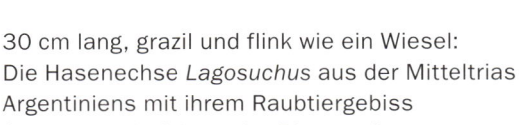

30 cm lang, grazil und flink wie ein Wiesel: Die Hasenechse *Lagosuchus* aus der Mitteltrias Argentiniens mit ihrem Raubtiergebiss ähnelt den Vorfahren der Dinosaurier.

Dinosaurier – die Schreckensechsen

fangen. Kein Tier der Unteren Triaszeit war einem großen Rauisuchier gewachsen.

Eine andere Gruppe von Archosauriern, die den Rauisuchiern sehr ähnlich sah, baute auf Geschwindigkeit auch über längere Strecken. Diese Saurier waren höchstens einen Meter lang und hatten besonders lange und starke Hinterbeine. Die Vorderbeine aber blieben klein und wurden schon bei geringem Tempo hochgezogen. Sie konnten also ohne Probleme auch auf zwei Beinen laufen. Ihr langer Schwanz balancierte Kopf und Rumpf, sodass eine Panzerung zur Versteifung des Körpers unnötig geworden war. Mächtige Hüftmuskeln schwangen die Hinterbeine beim Laufen vor und zurück. Aus dieser Gruppe entwickelten sich die Dinosaurier – die ältesten bekannten Dinofossilien stammen aus Argentinien und sind 228 Millionen Jahre alt.

Die Dinosaurier starteten also in der Untertrias als leichtfüßige schnelle Jäger und reine Fleischfresser, doch rasch entstanden daneben zunächst Allesfresser und dann die ersten Vegetarier. Sie unterscheiden sich von den frühen Archosauriern besonders durch ihr Sprunggelenk, das wie ein Scharnier arbeitete. Seitliche Drehungen des Fußes waren nicht mehr möglich. Das machte das Rennen auf den Hinterbeinen viel einfacher. Am Ende der Triaszeit hatten sich die Dinosaurier bereits über die ganze Welt verbreitet und die kleinen Raubsaurier hatten sich zu Riesenechsen gemausert.

Der älteste bekannte Dino *Eoraptor lunensis* war etwa einen Meter lang und hätte einem Menschen bis zum Knie gereicht. Er ist einer der ältesten bekannten echten Dinosaurier. Der kleine Beutegreifer lief meistens wohl nur auf seinen Hinterbeinen und fing Insekten und kleine Reptilien. Sein Skelett wurde in einem Tal im Norden Argentiniens entdeckt. Aus den gleichen Gesteinsschichten stammt *Panphagia protos*. Der Name bedeutet in etwa »früher Allesfresser«, denn das Tier konnte mit seinen spatelförmigen Zähnen auch Pflanzen zerkauen. Die Aufspaltung in Pflanzen- und Fleischfresser war also bereits vor 228 Millionen Jahren in vollem Gange. Nur acht Millionen Jahre später tauchten die Vorläufer der Langhalsdinosaurier und anderer Pflanzenfresser auf. Eine wahrhaft rasante Entwicklung!

Der Schädel des Raubsauriers *Herrerasaurus*, eines frühen Dinosauriers. Die ovale Öffnung im Unterkiefer und das Loch zwischen Nase und Augenhöhle – das Voraugenfenster – sind typisch für Archosauromorpha.

Die kleinen Unterschiede

Beckenformen der Dinosaurier: Saurischier oder Echsenbeckensaurier (Beispiel Straußendinosaurier, rechts) und Ornithischier oder Vogelbeckensaurier (Beispiel Stegosaurier, links).

»Warmes« oder »kaltes« Blut? Manche Tiere produzieren ihre Körperwärme selbst und halten ihre Körpertemperatur so auf einem konstant gleichen Niveau (z. B. Säugetiere und Vögel). Man nennt sie deshalb »gleichwarm«. Andere Tiere sind in dieser Hinsicht stark von der Außentemperatur abhängig: Ihre Körpertemperatur sinkt, wenn es draußen kalt wird, ebenfalls ab – so z. B. bei Reptilien, Fischen und Amphibien. Sie sind »wechselwarm« und können sich nur bewegen, wenn es warm ist. Bei Kälte dagegen verfallen sie in eine Starre.

Die meisten Dinosaurier waren Reptilien und galten daher lange als wechselwarm. Deshalb hielt man sie für plumpe, nicht sehr intelligente Tiere. Klar – wer bei Kälte in einer Starre verfällt, kann auch nicht mehr denken. Später fand man heraus, dass die meisten Dinos ihre Körpertemperatur selbst regulieren konnten, also gleichwarm waren. So entwickelten sich die Dinos in der Vorstellung der Menschen zu intelligenten Bestien, denn heute haben nur warmblütige Tiere leistungsfähige Gehirne.

Echsenbecken – Vogelbecken, Fleischfresser – Pflanzenfresser

Die ältesten bekannten Dinosaurier sind die Echsenbeckendinosaurier, die sogenannten Saurischia. Die ältesten Funde sind 228 Millionen Jahren alt. Zu den Echsenbeckendinosauriern gehören zwei Dinosauriergruppen, die unterschiedlicher nicht sein könnten: die Raubdinosaurier (Theropoda) und die Langhalsdinosaurier (Sauropoda). In beiden Gruppen entstanden Reptilien der Superlative. Die Raubdinosaurier brachten die größten Beutegreifer hervor, die das feste Land jemals gesehen hat, wie den *Tyrannosaurus*. Die Langhalsdinosaurier, die allesamt pflanzliche Kost bevorzugten, brachten sogar die größten Landtiere aller Zeiten hervor! Dazu gehören der *Diplodocus*, der 27 Meter lang werden konnte, und der *Brachiosaurus*. Alle Echsenbeckendinosaurier haben ein gemeinsames Merkmal: Sie haben ein Becken, bei dem die Knochen in drei Richtungen um die Hüftgelenkspfanne angeordnet sind. Ein solches dreistrahliges Becken kommt bei vielen Echsen auch heute noch vor. Es war auch typisch für die Vorläufer der Dinos, die Archosaurier.

Vor 228 Millionen Jahren war noch eine weitere Gruppe von Dinosauriern entstanden, deren Becken jedoch nicht drei-, sondern vierstrahlig aufgebaut war. Wie bei den Echsenbeckendinosauriern bildet das Darmbein (Strahl Nummer 1, s. Grafik) den oberen Teil des Beckens und formt das Dach des Hüftgelenks, und das Sitzbein

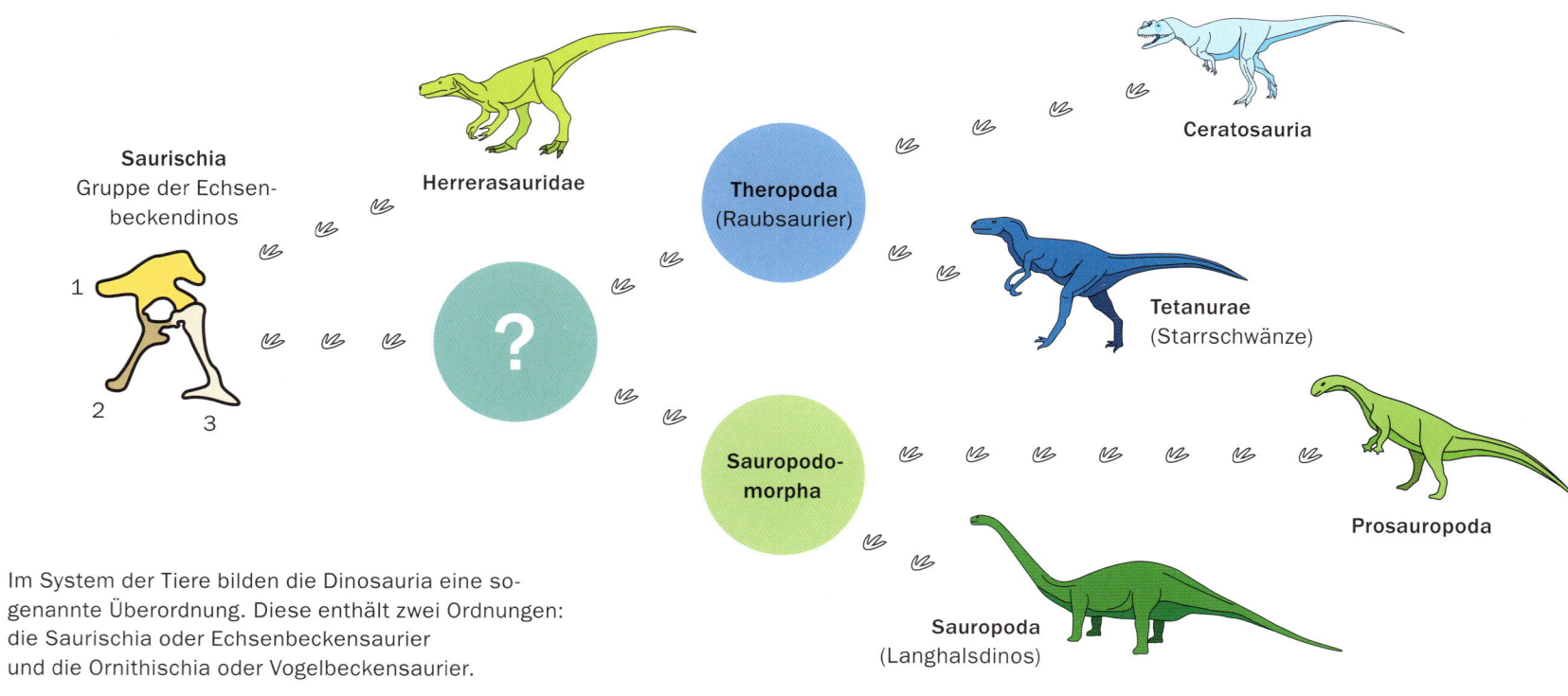

Im System der Tiere bilden die Dinosauria eine sogenannte Überordnung. Diese enthält zwei Ordnungen: die Saurischia oder Echsenbeckensaurier und die Ornithischia oder Vogelbeckensaurier.

Dinosaurier – die Schreckensechsen

(Strahl Nummer 2) ragt vom Hüftgelenk aus nach hinten unten. Es ist das Schambein, das sich gegenüber dem Echsenbecken völlig verändert hat. Nach wie vor formt es den Vorderteil der Hüftgelenkspfanne, aber der Knochen selbst ist gegabelt und besteht aus zwei Ästen: Ein Gabelast (Strahl Nummer drei) ragt nach vorne und liegt parallel zum Darmbein. Der zweite Gabelast (Strahl Nummer vier) ist neu. Er ist stabförmig, weist nach hinten unten und liegt dem Sitzbein an. Weil bei den Vögeln das Schambein ebenfalls dem Sitzbein anliegt, nannte man Dinosaurier mit einem solchen Becken »Vogelbeckensaurier« oder lateinisch Ornithischia. Warum aber entwickelte sich dieser kleine Unterschied?

Bei den Echsenbeckendinos war der Raum für die Eingeweide durch ihr Schambein begrenzt. Für die fleischfressenden Theropoden mit ihrem kurzen Darm war das kein Problem, wohl aber für die pflanzenfressenden Langhalsdinos. Denn Pflanzenfresser brauchen zum Verdauen ihrer faserigen, kalorienarmen Nahrung einen sehr langen Darm und einen großen Magen. Langhalsdinos mussten das alles vor den Schambeinschaufeln unterbringen. Die Folge war ein massiger, von allen vieren getragener Körper. Die Vogelbeckendinos dagegen haben wegen ihres gegabelten Schambeins Platz für große Eingeweide. Viele von ihnen konnten daher weiter auf zwei Beinen laufen wie z. B. die Iguanodons.

Ein früher Ornithischier: *Pisanosaurus* *Pisanosaurus mertii* ist der älteste bisher bekannte Vogelbeckendino. Er war einen Meter lang und 30 Zentimeter hoch und vermutlich ein Allesfresser. Wie alle Vogelbeckendinos hatte er einen Knochen am Vorderende des Unterkiefers, der eine Hornschneide trug. Dieses »Prädentale« gibt es nur bei den Ornithischiern, es ist so typisch für sie, dass die Gruppe von vielen Wissenschaftlern heute »Praedentalia« genannt wird. Die Schneide des Prädentale bildete bei *Pisanosaurus* zusammen mit den Stiftzähnen im Oberkiefer eine Schere, mit der die Tiere Teile von ihrer Nahrung abbeißen konnten. Die Nahrungsbrocken wurden dann zwischen ihren meißelförmigen Backenzähnen zermahlen.

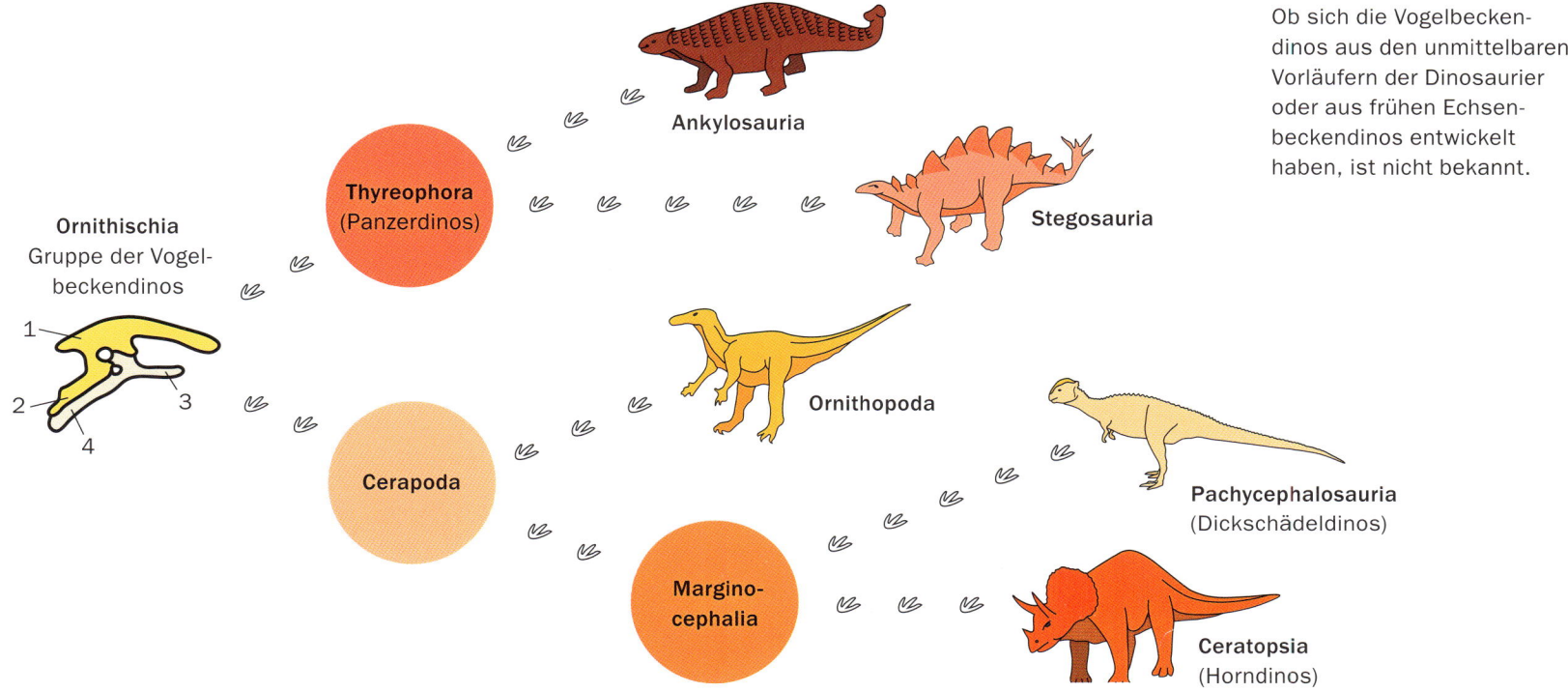

Ob sich die Vogelbeckendinos aus den unmittelbaren Vorläufern der Dinosaurier oder aus frühen Echsenbeckendinos entwickelt haben, ist nicht bekannt.

Jagdszene in der Oberjura: *Allosaurus* greift einen jungen Brachiosaurier an.

Echsenbeckendinosaurier – Giganten der Urzeit

Die Echsenbeckensaurier (Saurischia) trennen sich schon kurz nach ihrer Entstehung in zwei ganz verschieden gebaute Dinosauriertypen: die Raubdinosaurier (Theropoden) und die Langhalsdinosaurier (Sauropoden).

»Theropoda« heißt zu Deutsch »Tierfüßer«, denn die dreizehigen Lauffüße erinnern an die Füße eines Vogels. Der Begriff »Raubdinosaurier« passt aber noch besser. Die meisten Theropoden waren nämlich Fleischfresser und machten wie ihre Vorfahren Jagd auf Beute oder sie ernährten sich von Aas. Im Unterschied zu diesen liefen sie aber ausschließlich auf ihren Hinterbeinen, und zwar nur auf den drei Mittelzehen mit den gefährlich gebogenen Krallen. Die kurze vierte Zehe berührte beim Laufen den Boden nicht. Das Körpergewicht ruhte auf Sohlenpolstern unter den Zehen. Manche Raubsaurier, wie zum Beispiel die Oviraptoren, nutzten ihre Vorderbeine mit den drei langen Krallenfingern zum Fangen und Festhalten der Beute. Andere wie die Tyrannosaurier hatten winzige Ärmchen und packten ihre Beute mit den Kiefern oder traten sie mit den Hinterbeinen um. Zu den Raubsauriern zählen auch die Ornithomimosaurier, die Spinosaurier und die Vögel.

Der Begriff »Sauropoda« bedeutet »Echsenfüßer« und ist ein wenig irreführend. Sauropoden gingen zwar auf allen vieren wie die meisten Echsen, ihre tonnenförmigen Pflanzenfresserkörper wurden jedoch von Säulenbeinen getragen. Der Fuß eines Sauropoden ähnelte also eher einem Elefantenfuß. Das gesamte Gewicht ruhte auf den Spitzen der fünf Finger und Zehen, unterstützt durch ein riesiges, rundes Sohlenpolster. Ihr typischer langer Hals hat den Sauropoden den Namen »Langhalsdinosaurier« eingebracht. Der lange Schwanz wurde frei über dem Boden getragen. Er diente als Balancierstange und wurde zur Verteidigung als Peitsche benutzt. Die bekanntesten Sauropoden sind *Diplodocus, Brachiosaurus* und die riesigen Titanosaurier.

Raubsaurier

Theropoda: Räuber auf zwei Beinen

Die ersten Raubsaurier (Theropoden) erscheinen in der Obertrias. Bekannte Angehörige dieser Gruppe sind *Megalosaurus, Tyrannosaurus, Allosaurus* und *Velociraptor*. Die Theropoden waren fast ausnahmslos Fleischfresser. Das todbringende Gebiss der Raubsaurier bestand aus säbelförmigen Zähnen mit fein gezackten Sägekanten. Damit wurden die Muskelfasern der Beutetiere mühelos zerfetzt, sodass ein Raubsaurier große Stücke aus seiner Beute reißen konnte. Die Beißkraft der Raubsaurier war gewaltig. Ein *Tyrannosaurus* hätte mit seinen Kiefern ein Auto zerlegen können. Selbst in Knochen haben ihre Zähne tiefe Spuren hinterlassen, und auch Hörner, Schilder und Schwanzstacheln konnten die Pflanzenfresser nicht immer vor Raubsaurierangriffen schützen, wie Beißmarken in Panzerplatten und abgebissene Hörner zeigen.

Die Raubsaurier werden in zwei große Gruppen eingeteilt: die »Hornechsen« (Ceratosauria) und die »Starrschwänze« (Tetanurae).

Die »Hornechsen« spalten sich schon in der Obertrias von den übrigen Raubsauriern ab. Zu ihnen gehört der *Dilophosaurus* mit seinem Kopfputz aus zwei Knochenleisten.

Ceratosaurus, dessen Überreste in Nordamerika und Ostafrika gefunden wurden, war ein knapp sechs Meter langer Raubsaurier. Er hatte vier Finger und Zehen und als einziger Theropode einen Rückenkamm aus hornbedeckten Knochenplättchen. Sein Kopf trug kurze Hörner über den

Giganotosaurus gehört neben *Tyrannosaurus* und *Spinosaurus* zu den größten Fleischfressern, die je auf der Erde lebten.

Ein Modell von *Sinosauropteryx*. Diese kleinen, leichten Raubsaurier jagten vermutlich im Rudel und waren nur etwa 50 cm groß.

Riesen und Zwerge Unter den Theropoden gab es Riesen und Zwerge. *Giganotosaurus* mit seinen 14 Metern Länge nahm es selbst mit den größten Langhalsdinosauriern auf. Der nur etwa 50 Zentimeter lange *Compsognathus* aus den Oberjuraplattenkalken Bayerns dagegen jagte Insekten und kleine Reptilien.

Dilophosaurus ist vielen aus dem Film *Jurassic Park* als »Spitter« (Spucker) bekannt. Ob dieser zierliche Raubsaurier eine Halskrause hatte, die er ausklappen konnte, oder seine Spucke giftig war wie im Film, wissen wir nicht.

Echsenbeckendinosaurier – Giganten der Urzeit

Augen und auf der Nase. Das gab der ganzen Gruppe ihren Namen, denn *cerato* bedeutet »gehörnt«. *Ceratosaurus* lebte im Oberjura.

Coelophysis, ein weiterer sehr häufiger Ceratosaurier, lebte in der Obertrias. *Coelophysis* hatte einen langen Hals und dreifingerige Greifhände. Tausende von Skeletten dieses schlanken, etwa 2,50 Meter langen Raubdinos wurden auf einer Ranch im Süden der USA entdeckt. Die Tiere jagten wohl – wie die meisten Theropoden – in Rudeln oder kleinen Gruppen.

Die meisten Hornechsen der Jura- und Kreidezeit lebten auf der Südhalbkugel, darunter auch die Abelisaurier mit ihren kurzen, breiten Schnauzen und zum Teil winzigen Ärmchen. *Ligabueino* war mit 70 Zentimetern Länge der kleinste Abelisaurier, *Carnotaurus* – ein acht Meter langer Riese aus der Oberkreide – der größte. Der älteste bekannte Abelisaurier, *Elaphrosaurus,* ist im Berliner Naturkundemuseum zu bewundern. Das Skelett dieses Raubsauriers aus dem Oberjura Ostafrikas ist sechs Meter lang.

Die weitaus bekannteren Raubdinosaurier gehören jedoch zu den Tetanuren, den sogenannten »Starrschwänzen«, die wir uns auf den nächsten Seiten genauer anschauen werden.

Carnotaurus – der fleischfressende Stier

Die knöchernen Zapfen über den Augen von *Carnotaurus* erinnern an die Hörner eines Stiers. Darum nannte José Bonaparte, ein berühmter Paläontologe aus Argentinien, diesen acht Meter langen Raubsaurier *Carnotaurus,* »den fleischfressenden Stier«. *Carnotaurus* hatte einen hohen Schädel mit einer kurzen Schnauze. Seine Kiefermuskeln waren zwar schwach, aber sehr schnell. Der Raubsaurier jagte also kleine Beute, die er blitzschnell schnappte. Sicherlich fraß er auch Aas, aber für das Zerteilen großer Kadaver waren seine Kiefer zu schwach. Die Ärmchen von *Carnotaurus* waren winzig und bestanden zu zwei Dritteln aus Oberarm. An dem Ärmchen saß eine Hand mit vier Fingern. *Carnotaurus* ist der erste Raubsaurier, von dem Hautabdrücke erhalten geblieben sind. Seine Flanken waren von rundlichen Schuppen bedeckt. Entlang dem Rücken zogen sich vier Längsreihen von großen Höckerschuppen. Das Aussehen des etwa eine Tonne schweren *Carnotaurus* ist also ziemlich genau bekannt.

Auf den folgenden Seiten findest du an dieser Stelle einen **Steckbrief** von ausgewählten Dinosauriern.

Artname	(Dilophosaurus wetherilli)
Übersetzung	(»Wetherills Echse mit zwei Kämmen«)
Ordnung	(Echsenbeckendinosaurier)
Gruppe	(Raubsaurier oder Theropoda)
Ernährung	(Fleischfresser)
Höhe	(1,5 Meter)
Länge	(3 Meter)
Gewicht	(500 Kilogramm)
Zeitraum	(lebte im unteren Jura des heutigen Nordamerika und in China)

Raubsaurier

Killer mit Zähnen und Klauen

Die meisten der bekannten Raubsaurier oder Theropoden werden zu den Tetanurae zusammengefasst. Tetanurae bedeutet »Starrschwänze« und bezieht sich auf die knöchern versteifte Schwanzwirbelsäule dieser Saurier, die beim Laufen als Balancierstange diente. Zu ihnen gehören Berühmtheiten wie *Megalosaurus, Spinosaurus, Allosaurus, Tyrannosaurus* und *Velociraptor*. Die Starrschwänze sind Raubsaurier der Gegensätze. Manche von ihnen waren gerade mal 50 Zentimeter lang! *Sinosauropteryx* aus der Unterkreide Chinas war so ein Winzling. Der pelzige kleine Kerl war wahrscheinlich warmblütig und konnte deshalb auch bei schlechtem Wetter oder gar nachts jagen.

Andere Starrschwänze waren bis zu 14 Meter lang und hatten im Verhältnis zu ihren mächtigen Hinterbeinen mit den mörderischen Klauen extrem kurze, wenn auch sehr muskulöse Arme. Sie tauchen im Mittleren Jura auf. Der berühmteste von ihnen ist *Tyrannosaurus rex,* aber mit etwa 13 Metern Länge und einem Gewicht von sieben Tonnen ist er noch nicht der Größte. *Tyrannotitan* aus der Unterkreide Patagoniens, *Giganotosaurus* aus der Oberkreide Argentiniens und *Carcharodontosaurus* aus der Oberkreide Afrikas wurden mindestens 14 Meter lang und hatten ein Gewicht von über acht Tonnen.

Das größte Landraubtier aller Zeiten lebte in der Oberkreide Nordafrikas. Wegen seiner bis zu zwei Meter langen Fortsätze auf den Rückenwirbeln erhielt der Gigant

Der berühmteste Raubsaurier

Tyrannosaurus rex ist einer der am besten untersuchten Raubsaurier. Der große Riechlappen seines Gehirns deutet auf einen guten Geruchssinn hin – ideal zum Wittern von Beute und Aas. Dank seiner nach vorne gerichteten Augen konnte *Tyrannosaurus* räumlich sehen und deshalb auch gezielt zupacken. Aufgrund von Knochenuntersuchungen vermuten einige Wissenschaftler, dass ein *Tyrannosaurus* bis zum 14. Lebensjahr recht langsam gewachsen ist. Erst danach schossen die Tiere in die Länge. Über das Alter, das die Dinosaurier erreicht haben, können wir anhand der Funde sehr genaue Angaben machen. So starb das *Tyrannosaurus*-Weibchen namens »Sue« (Forscher machen sich gern den Spaß, den Funden Spitznamen zu geben) im Alter von 28 Jahren. Damit ist sie der älteste und größte bekannte *Tyrannosaurus*. Sie wurde am 12. August 1990 in Süddakota, Nordamerika, gefunden. Neben Sue lagen die Skelette eines jungen und eines halbwüchsigen Tieres. Ist hier eine Familie gestorben? Sue starb jedenfalls nicht durch den Angriff eines Raubsauriers, sondern an einer ansteckenden Bakterieninfektion, die ihre Knochen zerfressen hat.

Schädel eines *Carcharodontosaurus* neben einem menschlichen Schädel und Silhouette des ganzen Tieres im Vergleich zu einem Doppeldeckerbus (unten). Wenn dieser Saurier noch leben würde …

Das Gebrüll des *Allosaurus* »Big Al« versetzt zwei kleine *Ornitholestes* in Angst und Schrecken. Die beiden kleinen Raubsaurier wissen genau, wer hier der Stärkere ist!

20

Echsenbeckendinosaurier – Giganten der Urzeit

Sinosauropteryx wuchsen Haare auf dem Rücken und an den Seiten. Am Hals sahen sie aus wie eine kleine Mähne.

den Namen *Spinosaurus,* die »Dornenechse«. Seine Länge wird auf 16 bis 18 Meter geschätzt, sein Gewicht auf etwa neun Tonnen. Das ist unter den Landraubtieren Weltrekord. Spinosaurier gab es nur während der Kreidezeit. Sie hatten kräftige Arme mit großen dreifingerigen Krallenhänden und lange, schmale Schnauzen mit einer Menge scharfer Zähne. *Baryonyx* und *Megalosaurus* aus der Unterkreide Europas erreichten dagegen nur etwa acht Meter Länge und wogen etwas mehr als 1,5 Tonnen.

Lange stritten sich die Paläontologen, ob die großen Raubsaurier trotz ihres Gewichts aktive Jäger waren oder ob sie sich mit Aas begnügen mussten. Verheilte Bissspuren auf den Knochen pflanzenfressender Dinos, die eindeutig von Raubsauriern stammen, beweisen: *Tyrannosaurus* und Co. haben lebende Saurier angegriffen und auch getötet, um sie zu fressen. Andererseits fand man beispielsweise an Skeletten von ertrunkenen Pflanzenfressern zahlreiche Bissspuren von großen Raubsauriern und auch ausgefallene Zähne. Die großen Raubdinos fraßen also alles, was ihnen zwischen die Zähne kam – egal ob Frischfleisch oder Aas. Je größer das Maul, desto größer konnte die Beute sein. Die riesigen Spinosaurier konnten mit ihren schmalen Kiefern im Verhältnis zu ihrer Körpergröße wohl nur kleine Tiere jagen. Dafür konnten sie die Beute mit ihren Greifhänden packen und ihren länglichen Kopf tief in Saurierkadaver stecken.

Die Dornenechse

Die Überreste von *Spinosaurus aegyptiacus* wurden im Jahre 1915 von dem deutschen Paläontologen Ernst Stromer von Reichenbach beschrieben. Leider wurden sie im Zweiten Weltkrieg vollständig vernichtet. Das Rückensegel des Sauriers spielte vielleicht bei der Balz eine Rolle oder diente der Abkühlung.

Skelett eines *Allosaurus,* mit bis zu 12 Metern einer der längsten Theropoden des Jura

Tyrannosaurus rex

Übersetzung	»König der tyrannischen Echsen«
Ordnung	Echsenbeckendinosaurier (Saurischia)
Gruppe	Raubsaurier (Theropoda)
Ernährung	Fleischfresser
Höhe	5 Meter
Länge	13 Meter
Gewicht	7 Tonnen
Zeitraum	lebte in der Oberkreide des heutigen Nordamerika

Raubsaurier

Schnäbel und Sensenkrallen

Dinos mit Pelz Als die Überreste des mannshohen Therizinosauriers *Beipaosaurus* in China gefunden wurden, staunten die Wissenschaftler nicht schlecht – im Bereich des Schädels, Halses und Schwanzes fanden sie borstenartige Gebilde. Auch die Rückseite der Arme war mit solchen Borsten bedeckt. Kleine Formen wie der *Beipaosaurus* waren offensichtlich mit einer Art Pelz bedeckt. Die Therizinosaurier waren also wahrscheinlich warmblütig, denn ein Fell haben nur Tiere, die ihren Körper warmhalten müssen. Riesen wie der neun Meter lange *Therizinosaurus* waren dagegen so massig, dass sie auf einen wärmenden Pelz verzichten konnten – ähnlich wie die heutigen Elefanten. Denn je massiger ein Körper, desto kleiner ist im Verhältnis dazu seine Oberfläche, über die die meiste Wärme abgegeben wird. Deshalb kühlen massige Tiere nicht so schnell aus.

Der Therizinosaurier Nothronychus

Als man den Raubsuriern ihren Namen gab, ging man davon aus, dass alle Angehörigen dieser Gruppe Fleischfresser waren. Später entdeckte man, dass es unter ihnen wenige Ausnahmen gab, die sich von Pflanzen ernährten, wie die Ornithomimosauria und die Therizinosauria.

Die kreidezeitlichen Ornithomimosaurier müssen von Ferne wie eine Herde Strauße ausgesehen haben. Der komplizierte Name bedeutet so viel wie »Echsen, die Vögel nachahmen«, und Namen wie *Gallimimus*, *Anserimimus* und *Struthiomimus* beziehen sich auf ihre äußerliche Ähnlichkeit mit Hühnern, Gänsen oder Straußen. Auf dem langen, schlanken Hals der Ornithomimosaurier saß ein kleiner Kopf mit großen Vogelaugen und einem Hornschnabel. Der Schwanz diente beim Rennen auf zwei Beinen als Balancierstange. Die Arme dieser drei bis fünf Meter langen Dinos waren im Verhältnis zum Körper etwa so lang wie unsere Arme. Mit ihrem zahnlosen Schnabel zupften die Ornithomimosaurier Blätter und Früchte ab. Einige Ornithomimosaurier hatten Lamellen im Schnabel, die beim Abrupfen der Nahrung halfen. Manche Wissenschaftler glauben, dass diese Saurier damit auch Kleinstlebewesen aus dem Wasser filtern konnten – ähnlich wie heute lebende Enten. Einige Ornithomimosaurier hatten eine Reihe kleiner Stacheln am Hinterkopf oder einen Kehlsack wie *Plecanomimus*. Hinweise, dass sie Federn hatten, hat man bisher

Echsenbeckendinosaurier – Giganten der Urzeit

nicht gefunden. Besonders auffällig sind die Hände mit ihren drei langen Fingern: Die Krallen an diesen Fingern sind gekrümmt, enden aber stumpf – als Raubkrallen waren sie also unbrauchbar. Der innere Finger bildete zusammen mit den anderen jedoch eine Art Greifzange und war so bestens geeignet zum Herabziehen von Ästen. Ornithomimosaurier hatten also nichts, um sich gegen die großen Raubsaurier zu verteidigen, aber mit über 50 Stundenkilometern Höchstgeschwindigkeit waren sie schneller als die meisten ihrer räuberischen Zeitgenossen. Sie suchten ihr Heil in der Flucht.

Auch die sonderbaren, bis zu zehn Meter langen Therizinosaurier ernährten sich überwiegend von Pflanzen. Ihre Überreste wurden nur in der Kreide Asiens gefunden. Therizinosaurier brüteten in Kolonien und legten ihre Eier in napfförmige Nistmulden. Einige Angehörige dieser Gruppe hatten kleine und spatelförmige Zähne, andere waren völlig zahnlos. Ihr plumper, schwerer Körper wurde von recht kurzen, aber sehr starken vierzehigen Hinterbeinen getragen. Schnell rennen konnten diese Tiere sicher nicht. Wie konnten sie sich gegen die großen Raubsaurier wehren?

Wurde ein Therizinosaurier angegriffen, verteilte er Ohrfeigen, und die hatten es in sich. *Therizinosaurus* heißt übersetzt »Sensenechse«, und das zu Recht. Die Hände trugen an jedem der drei Finger riesige scharfe Krallen, die an das Blatt einer Sense erinnern – sie messen bis zu einem Meter!

Die Vegetarier unter den Raubsauriern hatten also durchaus Wege, um ihren fleischfressenden Artgenossen zu entkommen – die einen durch Schnelligkeit, die anderen durch Selbstverteidigung.

Gallimimus konnte mit seinem zahnlosen Schnabel Eier aufknacken. Er war wahrscheinlich ein Allesfresser.

Anserimimus, der »Gänse-Nachahmer«, war ein schneller Läufer. Wenn Gefahr drohte, flüchtete er.

Der Straußendino *Struthiomimus*' Ähnlichkeit mit dem Laufvogel Strauß ist nicht zu übersehen. Deshalb wird er auch »Straußendinosaurier« genannt. Seine Überreste wurden bislang nur in Ostasien und dem Westteil Nordamerikas gefunden. Sein Aussehen ist von zahlreichen Skelettfunden bekannt. Die ziemlich intelligenten Tiere lebten in Rudeln und brüteten in kleinen Kolonien. Dank ihrer großen, seitlich am Kopf stehenden Augen hatten sie ein weites Sichtfeld und konnten so frühzeitig Gefahren erkennen.

Skelett des sechs Meter langen Therizinosauriers *Nothronychus* mit Fassbauch und Säulenbeinen

Therizinosaurus cheloniformis	
Übersetzung	»schildkrötenartige Sensenechse«
Ordnung	Echsenbeckendinosaurier (Saurischia)
Gruppe	Raubsaurier (Theropoda)
Ernährung	Allesfresser
Höhe	5,5 Meter
Länge	9 Meter
Gewicht	12 Tonnen
Zeitraum	lebte in der Oberkreide im heutigen Asien

Raubsaurier

Oviraptor
Dieser *Oviraptor* wurde auf seinem Nest beim Brüten von einem Sandsturm überrascht. Seine ausgebreiteten Arme bedecken schützend die Eier. Die Kleinen in den Eiern waren fast bereit zum Schlüpfen. Brüten macht eigentlich nur mit wärmenden Federn Sinn, und so dient dieser Fund als ein Beweis dafür, dass die »Eierräuber« befiedert waren. Zahlreiche Nester, die in der Mongolei gefunden wurden, deuten darauf hin, dass Oviraptoren in Kolonien gebrütet haben.

Gefiederte Räuber

Die Oviraptorosauria, die »Eierräuber«, sind eine verblüffend vogelähnliche Gruppe von Raubsauriern, die mit den Sensenechsen verwandt ist. Typisch für die Oviraptorosaurier ist der breite Hakenschnabel. Manche von ihnen trugen einen hohlen Knochenkamm auf dem kurzen Schädel. Manche wurden acht Meter lang, andere nur so groß wie ein Truthahn. Viele der kleinen Oviraptorosaurier, wie z. B. *Caudipteryx* und *Avimimus,* hatten Federn im Nacken, an den Armen und am Schwanzende, doch fliegen konnten die Tiere damit nicht. Viele Paläontologen vermuten, dass diese Federn auffällig gefärbt und vor allem für die Balz wichtig waren. Die Federn an den Armen und am Schwanz wurden beim schnellen Rennen auch zum Steuern benutzt. Das machte die Oviraptorosaurier sehr wendig.

Besonders die großen Oviraptorosaurier wie *Gigantoraptor* waren Fleischfresser, andere, wie *Caudipteryx,* ernährten sich von Pflanzen und Früchten. Die meisten aber waren Allesfresser, bei denen neben Aas auch Eier auf dem Speisezettel standen. Ihre großen Greifhände waren bei der Futtersuche nützliche Werkzeuge. Überreste von Oviraptorosauriern sind ausschließlich aus Nordamerika und Asien bekannt.

Diese ältere Darstellung zeigt, wie *Protoceratops* einen *Oviraptor* beim Plündern seines Nests erwischt und in den Schwanz kneift.

Echsenbeckendinosaurier – Giganten der Urzeit

Die Deinonychosauria, die »Saurier mit der Schreckensklaue«, wurden durch die schlauen Velociraptoren aus dem Film *Jurassic Park* weltbekannt. Die Deinonychosaurier entstanden im Oberjura und waren in der Kreide weltweit verbreitet. Sie liefen nur auf zwei Zehen. Die innere Zehe war nach oben abgewinkelt und trug eine sichelförmige, scharfe Kralle. Die Zähne der Deinonychosaurier sind messerförmig flach – das war gut zum Herausbeißen von Fleisch, aber nicht zum Töten. Dazu wurden die Sichelkrallen wie Dolche benutzt.

Der größte Deinonychosaurier war *Utahraptor* mit über neun Metern Länge. Seine Sichelkralle maß 40 Zentimeter! *Velociraptor* lag mit etwa 2,50 Metern Länge im Mittelfeld, doch gab es auch Zwerge wie den 40 Zentimeter langen *Microraptor* aus der Unterkreide Chinas. Bei vielen kleinen Deinonychosauriern sind Federn fossil nachgewiesen, bei den großen bisher nicht. Federn sind wie Haare ein Zeichen von Warmblütigkeit. Das passt zu dem erstaunlich großen Gehirn der Deinonychosaurier.

Im Rudel sprangen die schlauen Raubsaurier ihre Beute an. Die einen umklammerten mit den scharfen Krallen ihrer Hände den Hals der Beute, verbissen sich darin und kickten ihre Sichelklauen in Luftröhre und Halsschlagader. Die anderen kletterten auf den Rücken des Opfers. Selbst große Saurier fielen den schlauen Jägern zum Opfer.

Viele Raubsaurier hatten Schnäbel oder Federn. Manche hatten sogar beides. Kein Wunder, dass die Vögel, wie wir noch sehen werden, aus befiederten, flugfähigen Raubsauriern hervorgingen.

Federn Dass die kleinen Oviraptorosaurier und Deinonychosaurier Federn hatten, ist eindeutig bewiesen, denn sie sind fossil erhalten geblieben – das heißt, man hat die Abdrücke versteinerter Federn gefunden. Beide Dinosauriergruppen hatten zwei Typen von Federn. Die einen waren kurz, borstig und saßen dicht am Körper – ein idealer Wärmeschutz. Die anderen Federn waren lang und flach wie die Schwungfedern eines Vogels. Sie finden sich auf der Rückseite von Unterarmen und Händen sowie entlang der Schwanzseiten, halfen den Sauriern bei schnellen Kurven und ermöglichten Gleitsprünge. Der Deinonychosaurier *Microraptor* hatte richtige Flügel und lange Federn auch an den Beinen. Dieses Tier konnte mit Sicherheit Gleitflüge machen.

Caudipteryx, ein Oviraptorosaurier aus der chinesischen Unterkreide, hatte Federn an Kopf, Armen und Schwanz.

Schnelle Räuber Velociraptoren sind seit ihrem Auftritt in *Jurassic Park* (USA 1993) weltbekannt: Dort machen die wendigen Fleischfresser Jagd auf Menschen. Hier verteidigt sich Dr. Alan Grant (dargestellt von Sam Neill) gegen einen Angriff der gefährlichen Räuber. Allerdings sind die Raubsaurier im Film stark vergrößert dargestellt – in Wirklichkeit waren sie nur so groß wie Truthähne!

Der kleine, flinke Deinonychus jagte im Rudel und konnte so und dank seiner Sichelkrallen dem doppelt so großen Tenontosaurus gefährlich werden.

Velociraptor	
Übersetzung	»schneller Räuber«
Ordnung	Echsenbeckendinosaurier (Saurischia)
Gruppe	Raubsaurier (Theropoda)
Ernährung	Fleischfresser
Höhe	60 Zentimeter
Länge	2 Meter
Gewicht	20 Kilogramm
Zeitraum	lebte in der Oberkreide des heutigen Asien (zwei Arten)

Raubsaurier

Archaeopteryx Die Federn von *Archaeopteryx* sind genauso gebaut wie die heutiger Vögel – dabei sind sie 150 Millionen Jahre alt! Trotz der Federn ist *Archaeopteryx* allerdings noch kein Vogel, sondern ein kleiner Raubsaurier, der gleitfliegen konnte. Seine Brustmuskeln waren zu schwach für den für Vögel typischen Schlagflug. *Archaeopteryx* bewegte beim Laufen das ganze Bein vor und zurück, sein langer Schwanz diente als Balancierstange. Wegen des engen Beckens waren die Eier von *Archaeopteryx* nur etwa einen Zentimeter groß. Bei einem gleich großen echten Vogel wären sie dreimal so groß!

Rekonstruktion von *Gansus*, schwimmend und im Flug

Eine Feder aus dem Oberjura, der erste Nachweis von *Archaeopteryx*. Eine noch ältere Feder wurde 2009 auf der schwäbischen Alb gefunden.

Die Dinos heben ab

Eine der ältesten bisher gefundenen Federn stammt aus einem Kalksteinbruch nahe der bayrischen Stadt Solnhofen und wurde im Jahr 1861 beschrieben. Noch im selben Jahr wurde das erste Urvogelskelett mit Federn gefunden. Das war eine Sensation! Denn es vereinte erstmals die Merkmale von Vögeln und Raubsauriern und diente als Beweis, dass die Vögel aus den Raubsauriern hervorgegangen sind. Der deutsche Paläontologe Hermann von Meyer gab dem Urvogel, von dem das Skelett stammte, den Namen *Archaeopteryx* – die »alte Feder«.

Dann tauchten in den 1980er-Jahren immer mehr Fossilien befiederter und behaarter Raubsaurier auf, die jedoch nicht zu den Vorläufern der Vögel gehören konnten. Einige kennen wir schon: die vegetarischen Therizinosaurier, die Oviraptorosaurier mit ihren Greifhänden oder die Deinonychosaurier mit den Sichelklauen. Die meisten von ihnen stammen aus der Unterkreide, sind also kaum jünger als *Archaeopteryx*! Zwei Theropodengruppen haben also unabhängig voneinander Federflügel entwickelt: kleine Deinonychosaurier wie *Microraptor* und Raubsaurier wie *Archaeopteryx*. Die Federn sahen aber bei allen befiederten Raubsauriern gleich aus. Also muss das Federkleid entstanden sein, bevor sich all diese Raubsaurier auseinanderentwickelten, im Unterjura oder noch früher. *Archaeopteryx* wird heute mit seinen kreidezeitlichen Vettern aus China und Spanien zu den Paraves, den »Nebenvögeln«, gestellt. Aus diesen entstanden in der Kreidezeit schließlich die Vögel (Aves).

Wie aber konnte sich aus einem Raubsaurier ein Vogel entwickeln? Die Geschichte der Vögel beginnt mit einem etwa hühnergroßen Raubsaurier mit

Echsenbeckendinosaurier – Giganten der Urzeit

kräftigen Armen und langen Krallenfingern. Zum Fangen der Beute schlug er die Arme mithilfe seiner starken Brustmuskeln kräftig von außen nach innen. Ein Pelz aus Hornborsten hielt seinen Körper warm. Diese Borsten wurden nach außen hin breiter und verästelten sich. So entstanden die ersten Federn. Sie waren vermutlich bunt, besonders an den Armen und am Schwanz. Diese Körperteile können beim Balzen gut bewegt werden, um Weibchen zu betören. An diesen Stellen wurden die Federn immer größer, jedoch nur auf den Rückseiten von Händen und Armen und entlang der Schwanzseiten. Sie hätten sonst das schnelle Laufen und das Zugreifen behindert. Dort sind sie auch noch aus einem anderen Grund von Vorteil: Rennen die kleinen Räuber über eine Klippe, können sie mit ausgebreiteten Armen umso weiter gleiten, je größer die Federn sind. Und mit raschen Schlägen der gefiederten Arme können die Vorvögel nun auch Klippen und Baumstämme hinaufklettern. Dort gibt es neue Jagdgründe und sichere Brutplätze.

Im Lauf der Zeit werden die Brustmuskeln so stark, dass das Abheben vom Boden aus möglich wird – die ersten Vögel sind da, Dinosaurier, die heute mit knapp 10 000 Arten die Erde besiedeln!

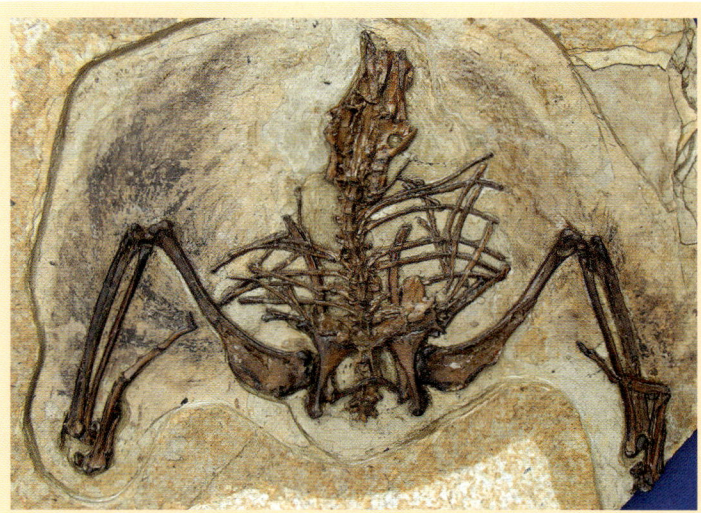

Der älteste Vogel Der taubengroße *Gansus* stammt aus der Unterkreide Chinas und ist der älteste bekannte echte Vogel. Seine Kiefer trugen hinten kleine Zähne, vorne aber einen Schnabel. Das Tier hatte ein großes Brustbein mit starken Flugmuskeln. Beim Laufen wurden fast nur die Unterschenkel bewegt. Der Körper wird nun in den Knien balanciert. Der Schwanz wurde als Balancierstange damit überflüssig. Die Schambeine zeigen nach hinten und sind weit voneinander getrennt, sodass *Gansus* große, hartschalige Eier mit Luftkammern legen konnte wie heutige Vögel. Denn nur, wenn ein Küken vor dem Schlüpfen schon im Ei seine Lungen mit Luft füllt, kann sich die komplizierte Vogellunge bilden. Mithilfe von Luftsäcken können Vögel ihre Atmung so steuern, dass die Lunge beim Ein- und Ausatmen mit Frischluft durchströmt wird. So werden die fliegerischen Höchstleitungen möglich, die wir an den Vögeln so bewundern. Dieses gut erhaltene Fossil wurde im Westen Chinas gefunden, es ist zwischen 105 und 115 Millionen Jahre alt.

Archaeopteryx lithographica	
Übersetzung	»die alte Feder aus dem Lithografenstein«
Ordnung	Echsenbeckendinosaurier (Saurischia)
Gruppe	Raubsaurier (Theropoda)
Ernährung	Insekten und andere Kleintiere
Höhe	20 Zentimeter
Länge	50 Zentimeter
Gewicht	1 Kilogramm
Zeitraum	lebte im Oberjura im heutigen Europa

Archaeopteryx, ein gefiederter Raubsaurier aus dem Oberjura Bayerns, mit Schwungfedern

Langhalsdinosaurier

Der Prosauropode *Euskelosaurus* aus der Obertrias Südafrikas kaut Schachtelhalmblätter.

Sauropoda: mit langem Hals und Säulenbeinen

Die Langhalsdinosaurier (Sauropoda) sind neben den Raubsauriern die zweite große Gruppe der Echsenbeckendinosaurier. Die ersten Hinweise auf die Existenz dieser großen Vegetarier finden sich in der Obertrias. Es handelt sich um typische ovale Fußabdrücke mit einem Alter von knapp 240 Millionen Jahren. Zu dieser Zeit waren noch ihre Vettern, die Prosauropoda, die dominierenden Pflanzenfresser. Wann genau die Sauropoden von den Prosauropoden abzweigten, ist bisher unbekannt. Die meisten Wissenschaftler glauben, dass beide Gruppen einen gemeinsamen Vorfahren hatten, aber sicher ist das nicht.

Die Prosauropoden sind die ersten pflanzenfressenden Dinosaurier. Mit ihren stumpfen, spatelförmigen Zähnen konnten die Tiere Pflanzen nur abreißen. Ihr kleiner, länglicher Schädel saß wie bei den Sauropoden auf einem langen Hals, ihr Rumpf war tonnenförmig. Die Vorderbeine der meisten Prosauropoden waren nur etwa halb so lang wie die Hinterbeine. Die Tiere spazierten daher überwiegend auf ihren Hinterbeinen umher, wobei der lange, kräftige Schwanz das Tier balancierte. Wahrscheinlich gingen sie jedoch in langsamem Tempo auf allen vieren. Füße und Hände trugen Krallen; die Innenkralle war besonders groß und stark gekrümmt.

Prosauropoden erreichten immerhin eine Länge von etwa zehn Metern und wurden um die zwei Tonnen schwer. Wahrscheinlich zogen sie in kleinen Herden durch das Land. Nach ihrer Blütezeit in der Obertrias starben die Prosauropoden während dem Unterjura aus und überließen den Sauropoden das Feld.

Die Sauropoden unterscheiden sich von den Prosauropoden durch ihren viel kürzeren Schädel, der kaum länger ist als hoch. Ihre Nasenlöcher reichten bis zwischen die

Säulenbeine Während die Prosauropoden fünf freie Finger und Zehen mit scharfen Krallen hatten, ruhte der massige Körper der Sauropoden auf vier säulenförmigen Beinen. Genau wie bei einem Elefanten waren die Finger und Zehen extrem kurz und mit Ausnahme der hufförmigen Krallen von außen nicht sichtbar. Sauropoden liefen also auf ihren Finger- und Zehenspitzen, doch ihr Gewicht wurde von einem großen, ovalen Sohlenkissen mitgetragen. Diese Säulenbeine können zwar große Lasten tragen, aber rennen kann man damit nicht.

Der riesige Fuß eines Argentinosaurus *(links: Skelett im Größenvergleich zu einem Kind) sah ähnlich aus wie ein Elefantenfuß (rechts).*

Cetiosaurus ist ein früher Sauropode und einer der ersten Dinosaurier, den man je gefunden hat. Die »Walechse« lebte – wie alle Dinosaurier – an Land, wurde bis zu 18 Meter lang und durchwanderte die Ebenen Europas und Afrikas zur Jurazeit.

Echsenbeckendinosaurier – Giganten der Urzeit

Diplodocus aus dem Oberjura Nordamerikas wurde bis zu 27 Meter lang.

Augen. Die Zähne griffen nicht – wie bei den Prosauropoden – zwischeneinander, sondern übereinander, funktionierten also wie eine Schere. Die Zehen der Langhalsdinos waren zu einem Klumpfuß verwachsen.

Die ältesten sicheren Sauropoden wie *Vulcanodon* stammen aus dem Unterjura. Das knapp sechs Meter lange Reptil wurde in Ostafrika gefunden und hatte noch einen langen Schädel wie ein Prosauropode.

Ab dem Mitteljura gibt es zwei große Gruppen von Langhalsdinos. Ihre riesigen Nasenlöcher gaben den Macronaria oder »Großnasen« ihren Namen. Dazu gehören Giganten wie *Camarasaurus* und die riesigen Titanosaurier, zu denen die größten Landtiere aller Zeiten zählen. In ihrer kurzen Schnauze steckten spatelförmige Zähne, mit denen die Tiere sogar daumendicke Äste abbeißen konnten.

Die Diplodocoidea oder »Diplodocusartigen« haben dagegen kleine, stiftförmige Zähne, die locker im Vorderrand von Ober- und Unterkiefer saßen. Sie eigneten sich gut zum Abzupfen von Blättern und Zweigen. Der bekannteste Diplodocoide ist – na? – *Diplodocus* natürlich!

> **Titanosaurier – der Name verpflichtet** Waren die Titanosaurier im Oberjura schon weltweit verbreitet, wurden sie in der Kreide zur vielgestaltigsten Sauropodengruppe überhaupt. Titanosaurier fraßen alle Pflanzen, die ihnen vor die Schnauze kamen: Palmen, Nadelbäume, Schachtelhalme, Farne, auch Blütenpflanzen und Gräser – vielleicht ein Grund für das Überleben der Tiere bis in die oberste Kreide. Titanosaurier wanderten gemächlich von einem Futterplatz zum anderen. Ihr Schwerpunkt lag sehr weit hinten. Von allen Langhalsdinos konnten sie sich am ehesten auf die Hinterbeine erheben. Die meisten Titanosaurier wurden nicht größer als 25 Meter (was auch schon recht beeindruckend ist!), doch einige wurden riesig. *Argentinosaurus* und *Puertosaurus* – beide bis zu 40 Meter lang und 80 Tonnen schwer – gehören zu den größten.

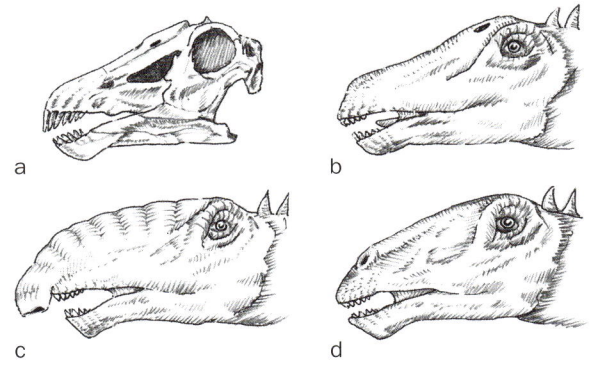

a b
c d

Wie könnte er ausgesehen haben, der Kopf von *Diplodocus*?
a) So sieht der Schädel aus.
b) Nase zwischen den Augen
c) Nase am Ende eines Rüssels, was wegen des Zahnabriebs vorne unwahrscheinlich ist
d) Nase vorne über dem Maul

Argentinosaurus huinculensis	
Übersetzung	»Silberechse aus Huincul«
Ordnung	Echsenbeckendinosaurier (Saurischia)
Gruppe	Langhalsdinosaurier (Sauropoda)
Ernährung	Pflanzenfresser
Höhe	6 Meter
Länge	40 Meter
Gewicht	80 Tonnen
Zeitraum	lebte in der Oberkreide des heutigen Argentinien

Langhalsdinosaurier

Eine Herde *Brachiosaurus* aus der Flugsaurierperspektive

Langhälse Oft werden die Langhalsdinosaurier mit Giraffen verglichen, da beide mithilfe ihres langen Halses in Baumwipfeln weiden können. Doch stimmt dieser Vergleich? Eine Giraffe trägt ihren Hals senkrecht nach oben, ihn hinabzubiegen fällt ihr sehr schwer. Grasen tun die Tiere daher nicht, Giraffen können ihr Futter nur aus Baumwipfeln holen. Bei den meisten Langhalsdinos ragte der Hals dagegen waagerecht nach vorn und war nach allen Seiten beweglich – auch hinab zum Boden. Sauropoden konnten also alles Grünfutter fressen, das in Reichweite ihres Halses lag.

Riesenwuchs Warum Sauropoden größer wurden als alle anderen Landtiere, wird immer noch untersucht. Wissenschaftler haben herausgefunden, dass die Langhalsdinos warmblütig waren und sehr schnell gewachsen sind. Und weil sie ihr Futter unzerkaut verschluckten, konnten sie auch Pflanzen fressen, die beim Kauen die Zähne abgerieben hätten, wie zum Beispiel die harten Schachtelhalme. Gerade die waren sehr häufig und nährstoffreich. Durch das Einweichen im Magen konnten die Riesentiere die Nahrung ohne viel Aufwand in Körpermasse umwandeln.

Ein *Brachiosaurus* hatte einen großen Magen, in dem er viel Grünfutter unterbringen konnte. Das ist auch gut so, denn er musste viel fressen – ein so großes Tier braucht viel Energie!

Luft und volle Mägen

Wie wir gesehen haben, wurden manche Sauropoden riesig. Ein *Brachiosaurus* beispielsweise konnte bis zu 30 Meter lang werden. Ein solcher Riese bringt natürlich einiges an Gewicht auf die Waage. Früher schätzte man sein Gewicht auf 50 Tonnen und verbannte das Tier ins Wasser, wo das Gewicht durch den Auftrieb keine Rolle spielt. Man glaubte, dass der lange Hals als Schnorchel diente. Weil aber in sechs Metern Wassertiefe der Druck so groß ist, dass der Saurier nicht hätte einatmen können, wurde die Idee rasch verworfen. Dann wurde versucht, das Gewicht eines *Brachiosaurus* zu berechnen, indem man sich am Gewicht heute lebender Tiere orientierte. Der Bulle eines Afrikanischen Elefanten bringt es bei einer Schulterhöhe von 3,20 Metern auf ein Gewicht von fünf Tonnen – so schwer wie ein voll beladener Lieferwagen. Ein *Brachiosaurus* war mit einer Schulterhöhe von 6,40 Metern doppelt so hoch wie der Elefant, doch das Gewicht des Rumpfes verdreifacht sich, weil das Tier ja auch doppelt so breit und knapp doppelt so lang ist. Das macht für den Rumpf allein schon 15 Tonnen. Dazu kommen aber noch der lange Hals und der muskulöse Schwanz des *Brachiosaurus,* und so wurde sein Durchschnittsgewicht mit 38 Tonnen errechnet – das Gewicht eines voll beladenen Sattelschleppers. Aber auch an diesem Gewicht kamen bald berechtigte Zweifel auf, denn die Forscher machten eine sensationelle Entdeckung:

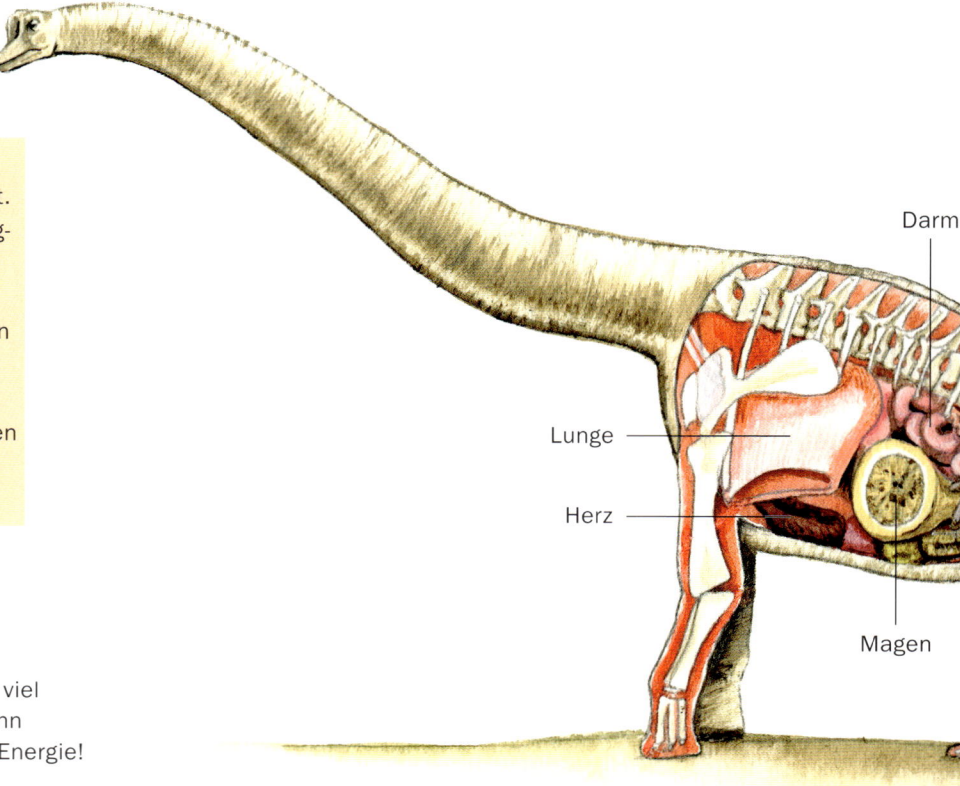

Echsenbeckendinosaurier – Giganten der Urzeit

Die Wirbelsäule im Bereich des Halses und der Brust von *Brachiosaurus* ist von Luftkanälen durchzogen. Diese münden in Luftkammern, die um die Wirbelsäule angeordnet sind. Einige liegen auch im Inneren der Wirbel. Die Wirbelknochen sind also hohl und die Knochensubstanz zwischen den Luftkammern ist dünn. Darum sind die Knochen viel leichter, als sie aussehen! Viele Paläontologen gehen sogar davon aus, dass sich in der Bauchhöhle der Sauropoden Luftsäcke befanden, die ihr Gewicht noch einmal deutlich reduzierten. Demnach wog ein ausgewachsener *Brachiosaurus* nur etwa 28 Tonnen. Die größten Sauropoden wie der knapp 60 Meter lange *Amphicoelias* brachten dank der Luftsäcke im Körper maximal 100 Tonnen auf die Waage.

Ein Sauropode von der Größe eines *Brachiosaurus* fraß etwa 200 Kilogramm Pflanzenfutter täglich. Da sein Kopf im Verhältnis zum Körper klein war, hieß das stundenlang fressen. Pausenlos rupften und knipsten die Saurier mit ihren Zähnen Pflanzenteile ab. Das Grünfutter wanderte unzerkaut den langen Hals hinab in eine Art Kropf und dann in den Magen. Im Magen einiger Sauropoden finden sich Steine, und so glaubte man lange, dass diese wie Mühlsteine arbeiteten und die Nahrung zerrieben – genau wie bei den pflanzenfressenden Theropoden. Wissenschaftler fanden jedoch heraus, dass es für einen Sauropoden besser war, seinen Magen so voll zu stopfen wie nur möglich. Wenn die Pflanzenstücke mehrere Tage lang eingeweicht worden waren, gaben sie ihre Nährstoffe frei. Schachtelhalme waren ein besonders gutes Futter!

Diese Briefmarken zeigen *Brachiosaurus* in tiefem Wasser. Heute weiß man, dass er an Land lebte. Das Tier hätte wegen des hohen Wasserdrucks nicht einatmen können.

Luftig leicht Auf den ersten Blick sieht der Halswirbel eines *Brachiosaurus* sehr massiv aus. Innen ist er jedoch zum Teil hohl. In diesen Hohlräumen saßen sehr wahrscheinlich Luftkammern und -kanäle. Die Luft wurde von der Lunge über Brustluftkammern in die Hohlräume in den Halswirbeln geleitet. Die Luftkammern machten den Hals leichter und stabiler. Das sparte Muskelkraft.

Brachiosaurus, die Armechse, macht ihrem Namen alle Ehre.

Brachiosaurus brancai	
Übersetzung	»Brancas Armechse«
Ordnung	Echsenbeckendinosaurier (Saurischia)
Gruppe	Langhalsdinosaurier (Sauropoda)
Ernährung	Pflanzenfresser
Höhe	6,40 Meter
Länge	30 Meter
Gewicht	28 Tonnen
Zeitraum	lebte in der Oberjura des heutigen Afrika

Langhalsdinosaurier

Ob *Barosaurus* aus dem Oberjura Afrikas und Nordamerikas sich mit seinem langen Hals so hoch aufrichten konnte? Darüber sind sich die Forscher bis heute nicht einig.

Sauropodenhälse: lang oder beweglich

Sauropoden heißen zu Deutsch nicht umsonst Langhalsdinosaurier. Der für sie typische lange Hals war beim Fressen mit einem kleinen Maul ein Riesenvorteil: Damit konnten die Saurier alles abweiden, was in der Reichweite ihres Halses lag, und das war eine ganze Menge. Nicht nur Baumkronen, sondern auch die Kräuter am Boden wurden mit den langen Hälsen erreicht. Und je länger der Hals, desto größer war der Bereich, den sein Besitzer abweiden konnte. Ob sich die Tiere beim Fressen auch auf die Hinterbeine aufrichten konnten, ist umstritten, besonders bei Formen mit extrem langen Hälsen.

Den im Verhältnis zum Körper längsten Hals hat *Mamenchisaurus* aus dem Oberjura Chinas: Von den 22 Metern Gesamtlänge entfällt knapp die Hälfte auf den Hals! Wie konnte ein solcher Riesenhals überhaupt getragen werden? Wie alle Dinosaurier hatten auch die Sauropoden an den Halswirbeln Rippen. Bei den Sauropoden aber bildeten sie auf der Unterseite der Halswirbelsäule eine Kette längsgerichteter Stäbe. Diese Rippenstäbe zogen sich bei *Mamenchisaurus* über mehrere Wirbel hinweg und überlappten einander nach hinten. So bildeten sich Trägerbündel aus bis zu fünf Rippen, die alle durch kurze, aber feste Bänder miteinander verbunden waren. Diese Bänder konnten das Gewicht des Halsauslegers fast alleine tragen. Klar, dass mit solchen Knochenbündeln der Hals fast steif war und von den Rückenmuskeln

Hals ist nicht gleich Hals Die Hälse der Langhalsdinos sehen sich auf den ersten Blick zwar ähnlich, sind aber zum Teil sehr unterschiedlich aufgebaut. Der Hals von *Dicraeosaurus* ist der beweglichste: Die Rippen entlang der Halsunterseite überlappen nicht, sondern sind sogar kürzer als die Wirbel. Der Hals wird vor allem über starke Nackenbänder getragen und durch Luftsäcke stabilisiert. Die Hälse der anderen Oberjura- und Kreidesauropoden sind durch stabile Träger aus einander überlappenden Halsrippen versteift. Diese langen Halsrippen sind durch kurze, straffe Bänder miteinander verbunden, die dem Hals Stabilität verleihen. Das spart Muskeln und damit Gewicht, dafür ist der Hals aber auch kaum in sich beweglich. Das heißt: Je kürzer die Halsrippen, desto beweglicher ist der Hals. Und je länger der Hals, desto unbeweglicher ist er.

Dicraeosaurus aus dem Oberjura Afrikas hatte einen kurzen, aber beweglichen Hals.

Der lange Hals von *Mamenchisaurus* war steif und unbeweglich und wurde vom Rumpf aus bewegt – wie der Schwenkarm eines Krans.

Echsenbeckendinosaurier – Giganten der Urzeit

des Rumpfes als Ganzes bewegt werden musste. Der Hals funktionierte also wie der Schwenkarm eines Krans mit einem Greifer am Vorderende, dem Maul. Die Wirbelverbindung über die Halsrippen war so stabil, dass kaum noch andere Bänder oder Muskeln nötig waren, um den Hals von *Mamenchisaurus* zu stabilisieren. Der Vorteil: Das sparte Gewicht. *Camarasaurus, Brachiosaurus* aus dem Oberjura und die kreidezeitlichen Titanosaurier hatten ähnlich versteifte Hälse. Dank ihres langen, steifen Halses konnten die Langhalsdinos viel fressen, ohne einen Schritt zu laufen!

Bei *Dicraeosaurus,* einem Diplodocoiden aus dem Oberjura Ostafrikas, war die Halswirbelsäule dagegen sehr beweglich. Der Hals des Tieres war allerdings viel kürzer als der von *Mamenchisaurus* und das Bauprinzip war ganz anders: Die Halsrippen waren kürzer als die Wirbel. Sie überlappten einander also nicht, und die einzelnen Wirbel konnten sich nahezu frei bewegen. Bewegliche Hälse konnten also nur mit kurzen Halsrippen entstehen. Zum Bewegen aber braucht man Muskeln und Muskeln sind schwer. Darum ist die Länge eines beweglichen Halses durch das Gewicht der Muskeln begrenzt. Die kurzhalsigen Sauropoden mussten beim Fressen viel mehr herumlaufen. Was war denn der Vorteil eines beweglichen Halses? Nun, beim Angriff eines Raubsauriers konnte der Kopf schnell weggedreht werden!

> **Was fraßen Langhalsdinos?** Die meisten Futterpflanzen der vegetarischen Dinos gibt es noch heute: Nadelbäume, Farne, Palmfarne und Schachtelhalme. Sie wurden damals allerdings etwas größer als heute. Ausgestorben sind nur die Samenfarnbäume mit ihren saftigen Blättern. Schachtelhalme spielten wohl eine besondere Rolle für die pflanzenfressenden Dinos: Die Pflanze wächst rasend schnell aus einem unterirdischen Kriechspross. Kaum sind die Triebe abgefressen, schießen neue aus dem Boden. Außerdem ist Schachtelhalm nahrhafter, als man denkt – vorausgesetzt, man lässt ihn ein paar Tage im Magen gären! Erst in der Oberkreide werden auch Blütenpflanzen (und in ihrem Gefolge die ersten bambusartigen Gräser) so häufig, dass sie ebenfalls als Dinofutter in Frage kamen. 
>
> Brachiosaurus, Barosaurus *und* Dicraeosaurus *weiden einen Nadelbaum ab.*

Mamenchisaurus	
Übersetzung	»Echse vom Pferdetorfluss«
Ordnung	Echsenbeckendinosaurier (Saurischia)
Gruppe	Langhalsdinosaurier (Sauropoda)
Ernährung	Pflanzenfresser
Höhe	3 Meter
Länge	13 Meter
Gewicht	12 Tonnen
Zeitraum	lebte im Oberjura des heutigen Asien (sechs Arten)

Langhalsdinosaurier

Amargasaurus aus der Unterkreide Argentiniens. Wozu die bizarren Wirbelfortsätze des zehn Meter langen Sauropoden gut waren, ist bis heute ein Rätsel.

Das größte montierte Dinosaurierskelett der Welt in Berlin.

Riesenskelett Das größte montierte Skelett der Welt steht in der Haupthalle des Berliner Museums für Naturkunde. In 13 Metern Höhe schwebt der Schädel von *Brachiosaurus* auf seiner fast neun Meter langen Halswirbelsäule. Damit hätte das Tier in den dritten Stock eines Wohnhauses blicken können. Der tonnenförmige Rumpf ruht auf vier säulenförmigen Beinen und der Schwanz steht in einer Höhe von vier Metern nach hinten. Ganze 23 Meter misst das Skelett von der Schnauze bis zur Schwanzspitze. Brachiosaurier lebten im Oberjura und der Unterkreide.

Erstaunliches aus der Sauropodenwelt

Der kleinste bisher bekannte Sauropode stammt aus der Gegend um Ohmden, einem Ort auf der Schwäbischen Alb. Er heißt *Ohmdenosaurus* und ist einer der ältesten bekannten Sauropoden überhaupt. Das etwa vier Meter lange Tier lebte im Unterjura und ist bisher nur von Resten eines Hinterbeinskeletts bekannt. Seine Größe wurde also geschätzt.

Ebenfalls auf Schätzungen beruht die Länge von *Amphicoelias* aus dem Oberjura Nordamerikas. Der diplodocusartige Riese war vermutlich sagenhafte 58 Meter lang, wobei der Hals allein mehr als 16 Meter gemessen hat, der Schwanz sogar über 20 Meter! Das macht *Amphicoelias* zum längsten Lebewesen, das je existierte. Sein Gewicht wird auf etwa 100 Tonnen geschätzt. Die Erde muss gebebt haben, wenn eine Herde *Amphicoelias* auf Wanderschaft war! Leider zerfielen seine riesigen Knochen nach der wissenschaftlichen Erstbeschreibung zu Staub.

Argentinosaurus, ein Titanosaurier, wurde etwa 40 Meter lang. Titanosaurier sind massiver gebaut als die Diplodocoiden. Deshalb wird das Gewicht von *Argentinosaurus* auf etwa 80 Tonnen geschätzt, was ihn – im Verhältnis zur Körperlänge – zum massigsten Sauropoden aller

Der *Ohmdenosaurus* (links) wurde bis zu vier Meter lang, *Amphicoelias* (rechts) war ein Gigant von knapp 60 Metern Länge. Die beiden Sauropoden lebten jedoch zu verschiedenen Orten und Zeiten.

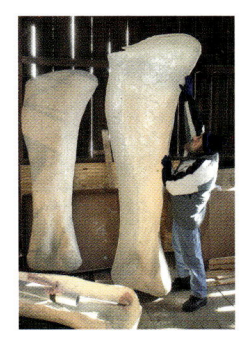

Echsenbeckendinosaurier – Giganten der Urzeit

Der Oberschenkelknochen eines *Argentinosaurus*

Zeiten macht. Das Tier wog so viel wie eine große Diesellokomotive! Im Stehen trug jedes Säulenbein die unglaubliche Last von 20 Tonnen.

Nigersaurus, ein Diplodocoide aus der Unterkreide Zentralafrikas, ist ein anderes Extrem. Das etwa zehn Meter lange Tier hatte einen kurzen Hals, der bogenförmig bis zum Boden reichte. Der Schädel des »Rasenmähersauriers« ist sehr kurz und vorne extrem breit. Die Schnauzenkante ist völlig gerade und mit einer Reihe schmaler Stiftzähnchen besetzt, die genau aufeinanderpassen. Mit seinem Rasenmähergebiss weidete *Nigersaurus* die Bodenvegetation ab.

Der merkwürdigste aller Sauropoden aber ist *Amargasaurus* mit seinen monströsen Nackenstacheln. Mit zehn Metern Länge ist *Amargasaurus* ein eher kleiner Sauropode. Wie bei allen Dicraeosauriern war sein Hals kurz und beweglich. Die Dornfortsätze der Halswirbel aber waren extrem verlängert und bildeten lange Stacheln im Nacken. Vielleicht hielt *Amargasaurus* mit seinen Nackenstacheln Angreifer in Schach oder sie dienten zum Aufspannen eines Hautsegels, das beim Regulieren der Körperwärme half.

Nigersaurus, ein Langhalsrasenmäher – statt Gras, das es in der Kreide noch nicht gab, mähte er kleine Farne und Schachtelhalme.

Dino mit Rückenpanzer Der 12 Meter lange *Saltasaurus* aus der Oberkreide Argentiniens ist der erste Titanosaurier mit Rückenpanzer, der jemals entdeckt wurde. Seine Rückenhaut ist von einem Panzer aus dicht gepackten Knochen überzogen. So war das Tier gegen Bisse in den Rücken geschützt. Er ist außerdem der erste Titanosauroide, von dem eine Nistkolonie gefunden wurde. Die kugelrunden Eier haben einen Durchmesser von 12 bis 15 Zentimetern. Die Weibchen legten 20 bis 40 davon in Gruben von gut einem Meter Durchmesser und bedeckten sie mit Pflanzenresten. Gebrütet haben die Tiere nicht, aber vielleicht verteidigten sie den Brutplatz gemeinsam gegen Eierdiebe. Viele der Eier enthalten Embryonen mit Hautabdrücken.

Nigersaurus taqueti

Übersetzung	»Taquets Echse aus dem Niger«
Ordnung	Echsenbeckendinosaurier (Saurischia)
Gruppe	Langhalsdinosaurier (Sauropoda)
Ernährung	Pflanzenfresser
Höhe	2,5 Meter
Länge	10 Meter
Gewicht	10 Tonnen
Zeitraum	lebte in der Unterkreide des heutigen Afrika

Ein Herde Iguanodonten flieht vor einem Waldbrand.

Vogelbeckendinosaurier – wehrhafte Vegetarier

Die Evolution der Vogelbeckensaurier (Ornithischia) begann auf dem Südkontinent Gondwana. Die frühen Vogelbeckendinos liefen meist auf ihren Hinterbeinen. Liefen sie langsam, kamen auch die kurzen Vorderbeine zum Einsatz, genauso beim Fressen – und fressen konnten diese kleinen, flinken Saurier noch fast alles: Pflanzen, kleine Tiere, sicher auch Aas. Sie hatten scharfe, lange Eckzähne im Unterkiefer, mit denen sie kräftig zubeißen konnten. Erst zu Beginn der Jura besiedelten die Vogelbeckensaurier auch den Nordkontinent Laurasia. Zur selben Zeit gingen aus den kleinen, flinken Allesfressern zwei große Ornithischiagruppen hervor, die sich vegetarisch ernährten: die »Panzerdinosaurier« (Thyreophora) und die Cerapoda – das sind alle anderen.

Die Geschichte der Cerapoda beginnt in der Mitteljura mit den Hypsilophodontidae, die den frühen Vogelbeckendinos ähneln. Erst in der Oberkreide tauchen die »Entenschnabeldinosaurier« (Hadrosauridae) auf, die ihren Namen ihrer breiten, flachen Schnauze verdanken. In der obersten Jura entstehen dann die ersten »Horndinosaurier« (Ceratopsia). Die ältesten hatten zwar noch gar keine Hörner, aber in der Kreide entwickeln sie sich zu den bekannten, vor Hörnern starrenden Ungeheuern. Zu Beginn der Kreide erscheinen auch die »Dickschädeldinosaurier« (Pachycephalosauria).

Bei den Panzerdinos sind die ursprünglichsten die Scelidosauridae. Aus diesen gepanzerten, vierfüßig laufenden Pflanzenfressern entwickeln sich die gepanzerten Ankylosauria, von denen manche sich mit einer Schwanzkeule verteidigten. In der Oberjura erscheinen dann die bekannten Stegosauria mit ihren gefährlichen Schwanzstacheln. Während die Ankylosauria das Ende der Kreide noch erleben, sterben die Stegosauria zu Beginn der Oberkreide aus. Auf den folgenden Seiten wollen wir uns einige dieser Vogelbeckendinos einmal genauer anschauen.

Gut gekaut ist halb verdaut

Heil in der Flucht Frühe Vogelbeckendinos wie *Pisanosaurus* und *Eocursor* waren kaum einen Meter groß. Bei Gefahr rannten die kleinen Allesfresser einem Raubsaurier einfach davon. In der Jura- und Kreidezeit wurden die Vogelbeckensaurier aber immer größer und schwerer und Pflanzen bildeten ihre Nahrungsgrundlage. Beim gemächlichen Laufen und beim Fressen am Boden unterstützten deshalb die kurzen Vorderbeine das Körpergewicht. Daher kamen fast alle großen Ornithopoden auf allen vieren daher. Bei Gefahr aber zogen sie ihre Arme hoch und rannten auf den Hinterbeinen los. Die Ornithopoda hatten also zwei Gänge: einen langsamen auf allen vieren und einen Schnellgang auf den Hinterbeinen. Andere Vogelbeckendinos wie die Panzersaurier und die Ceratopsia gaben unabhängig voneinander den Schnellgang auf. Diese »Allraddinosaurier« überlebten dank ihrer Panzerung und ihrer Verteidigungswaffen.

Lycorhinus, ein kleiner Heterodontosauride aus dem Unterjura Südafrikas

Die Backenzähne von *Iguanodon* waren hinter Wangentaschen verborgen.

Kämme und Bürsten Von einigen besonders gut erhaltenen Fossilien ist bekannt, dass der Körper der Vogelbeckensaurier mit einer ledrigen Schuppenhaut bedeckt war. Manche hatten einen Rückenkamm aus niedrigen, flachen Schuppen, ähnlich wie bei einem Krokodil. Der Heterodontosaurier *Tianyulong* aus dem Oberjura Chinas hatte sogar eine Bürste aus Hornstacheln auf dem Rücken, ein echter Dinopunk!

Von Mahlwerken und Häckslern

Alle bisher besprochenen Dinosaurier schluckten ihre Nahrung unzerkaut, genau wie es die heutigen Reptilien machen. Auch die vegetarischen Langhalsdinosaurier bissen Pflanzenteile ab und verschluckten sie ganz. Anders die Vogelbeckensaurier: Schon die frühesten unter ihnen wie *Pisanosaurus* oder *Eocursor* hatten ein Gebiss mit verschiedenartigen Zähnen. Das war neu! Vorne im Oberkiefer saßen kleine Zähnchen, die wie eine Schere gegen eine Hornschneide am Unterkiefer arbeiteten. Damit konnten die Tiere Stücke von ihrer Nahrung abbeißen. Diese Schneidezähne im Oberkiefer wurden im Lauf der Evolution bei den meisten Vogelbeckendinos durch eine zweite Hornschneide ersetzt. So bildete sich die typische schnabelartige Schnauze, mit der die Vegetarier wie mit einer Schere Pflanzen abschnitten. Die beiden Hornschneiden schärften einander beim Beißen selbst. Die Zähne im hinteren Teil der Kiefer von *Pisanosaurus* und *Eocursor* hatten zackige Schneiden und sahen aus wie kleine Sägen. Beim Kauen wurden die abgebissenen Pflanzenteile zerschnipselt und vor dem Schlucken mit Speichel vermischt. Geschlossene Wangentaschen sorgten dafür, dass der Nahrungsbrei dabei im Maul blieb. Die meisten Vogelbeckensaurier besaßen ein solches Häckselgebiss. Der Magen hatte es durch die vorgekaute Nahrung viel leichter mit der Verdauung – kein Wunder also, dass Ornithischier weniger dicke Bäuche hatten als die Sauropoden.

Tianyulong, ein Heterodontosaurier mit Borsten. Seine »Haarfarbe« ist leider unbekannt und bleibt der Fantasie überlassen.

Vogelbeckendinosaurier – wehrhafte Vegetarier

Es gab jedoch auch Vogelbeckensaurier, deren Gebiss wie eine Mühle funktionierte. Bei den »Vogelfüßern« (Ornithopoden), einer Untergruppe der Ceropoda, zu denen die Entenschnabeldinosaurier und die Hypsilophodontiden gehören, wurde der Hornschnabel nur zum Abbeißen benutzt. Ihre Backenzähne standen in mehrreihigen Zahnbatterien neben- und hintereinander und bildeten gemeinsam eine riesige Kaufläche. Das Pflanzenmaterial wurde zwischen diesen Kauflächen wie in einer Mühle zerrieben (vgl. auch S. 40/41).

Aus frühen Vogelbeckensauriern, die einem *Eocursor* ähnlich sahen, entwickelten sich im Unterjura die Heterodontosauridae. Auch sie gehören zur Gruppe der Ceropoda. Kleine Formen sind kaum größer als ein Fuchs, die großen werden knapp zwei Meter lang. Der Name *Heterodontosaurus* bedeutet »Echse mit verschiedenförmigen Zähnen«, und diesen Namen tragen sie völlig zu Recht: Ihr Gebiss besteht aus einem Hornschnabel, zwei kleinen, aber spitzen Eckzähnen und einer Reihe auffällig breiter Backenzähne – bestens geeignet, um Pflanzen zu zermahlen. Aber nicht nur das Gebiss hatten die Heterodontosauriden von ihren altertümlichen Vettern aus der Trias übernommen. Auch der Körperbau war derselbe. Heterodontosauriden waren also zweibeinig laufende Allesfresser. Die zierlichen Tiere hatten große Augen, mit denen sie auch beim Fressen ständig Ausschau nach Raubsauriern hielten. Und auch auf der Flucht waren gute Augen wichtig, um Hindernisse oder Schlupfwinkel im Gelände beizeiten zu erspähen.

Ein *Heterodontosaurus* zwickt mit dem Hornschnabel Blätter ab.

Die Echse mit den verschiedenförmigen Zähnen
Am Schädel von *Heterodontosaurus* fallen neben den großen Augenhöhlen sofort die scharfen Eckzähne auf. Damit konnten die Heterodontosauriden sicherlich kleine Tiere tot beißen. Sie waren aber auch Verteidigungswaffen: Wurden die flinken kleinen Saurier in die Enge getrieben, bleckten sie drohend die Eckzähne und bissen dann blitzschnell zu. Dank der fünf Finger an ihren Händen konnten sie Zweige und Früchte greifen. Dabei half ihnen auch die lange, scharfe Daumenkralle.

Schädel von Heterodontosaurus *mit breiten Kauzähnen und scharfen Eckzähnen*

Eocursor parvus

Übersetzung	»Kleiner Renner der Morgendämmerung«
Ordnung	Vogelbeckensaurier (Ornithischia)
Gruppe	Gruppe unklar
Ernährung	Allesfresser
Höhe	40 Zentimeter
Länge	1 Meter
Gewicht	etwa 8 Kilogramm
Zeitraum	lebte in der Obertrias des heutigen Südafrika

Cerapoda

Leguanzähner, Entenschnäbler, Trompetennasen

Fürsorgliche Mutterechsen Im Norden der USA wurde Anfang der 1970er-Jahre eine Brutkolonie des neun Meter langen Hadrosauriers *Maiasaura* ausgegraben. Neben zahlreichen Nestern fand man die Überreste von mehr als 200 Tieren – vom Babydino bis zum erwachsenen Tier. Die Nester liegen etwa sieben Meter auseinander, jedes Nest barg 30 bis 40 Eier. Die Eier waren von Erde und Pflanzenresten bedeckt. In der Gärungswärme dieses »Komposthaufens« reiften die Eier, bewacht von der Herde, heran. Innerhalb eines Jahres wuchsen die Babys von 40 Zentimetern auf 1,50 Meter Länge. *Maiasaura* heißt übrigens auf Deutsch »fürsorgliche Mutterechse«.

Maiasaura lebte in der Oberkreide Nordamerikas und brütete in großen Kolonien.

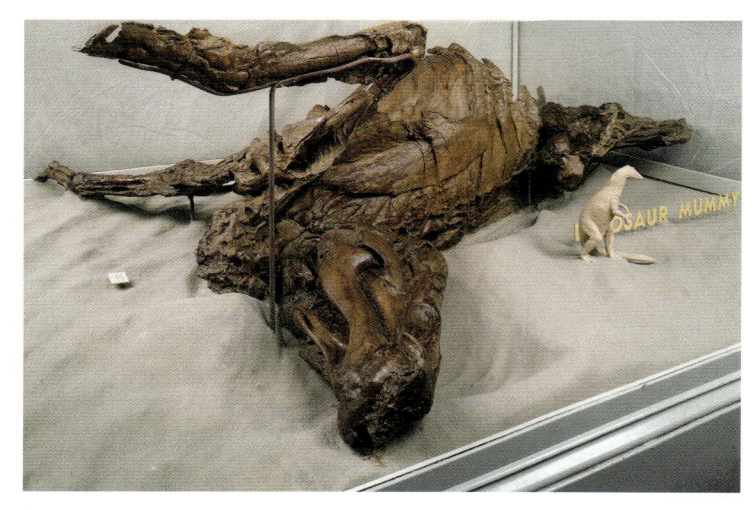

Manche Dinosaurier verdursteten bei ihren Wanderungen durch die Wüste. Ihre Kadaver vertrockneten zu Mumien und wurden mitsamt der Haut im Sand eingebettet. Dank solcher Funde wissen wir, wie die Haut der Tiere aussah. Auch Muskeln und Sohlenpolster sind erhalten. Eine der schönsten Dinosauriermumien, ein *Edmontosaurus*, ist im Frankfurter Senckenbergmuseum ausgestellt.

Die »Leguanzähner« (Iguanodontia) tauchen erstmals im Oberjura auf. Auch sie gehören zu den Cerapoda und bilden eine sehr formenreiche Gruppe, zu der neben den eigentlichen Iguanodonten und anderen kaum bekannten Gruppen auch die »Entenschnabeldinosaurier« (Hadrosaurier) zählen. Das Auffälligste an den Leguanzähnern ist ihre zahnlose vordere Schnauzenpartie, die beim lebenden Tier einen breiten Hornschnabel trug. Dieser war bei den Entenschnäblern löffelartig verbreitert. Die meißelförmigen Backenzähne der frühen Leguanzähner bildeten eine dichte Reihe, die sich in der Oberkreide bei den Entenschnabeldinos zu einem richtigen Mahlwerk entwickelte. Der Kauapparat dieser Hadrosaurier war einzigartig: Ihr Gebiss bestand aus Hunderten von meißelförmigen Einzelzähnen, die genau aneinanderpassten. Zusammen bildeten sie vier riesige Backenzähne, je zwei in Ober- und Unterkiefer. Auf der Außenseite wurden die Zahnreihen abgekaut, auf der Innenseite der Kiefer wuchsen immer neue Zahnreihen nach. Kratzer auf den Kauflächen zeigen, dass der Unterkiefer beim Kauen in alle Richtungen bewegt wurde. Selbst harte Pflanzen wie Schachtelhalme wurden in diesem Mahlwerk wie in einer Mühle zu einem feinen, leicht verdaulichen Brei zerrieben.

Vogelbeckendinosaurier – wehrhafte Vegetarier

Alle Leguanzähner zogen in großen Herden über die Ebenen und entlang von Flusstälern. Auf ihrem Weg weideten sie überwiegend Bodenpflanzen ab, gelegentlich auch Zweige von Nadelbäumen. Ihre Haut war dick und ledrig mit einzelnen großen, runden Schuppen.

Gegen Raubsaurier hatten die Pflanzenfresser meist nur eine Chance: rennen. *Tenontosaurus*, ein acht Meter langer und eine Tonne schwerer Leguanzähner aus der Unterkreide Nordamerikas, wurde offenbar von dem Sichelklauenraubsaurier *Deinonychus* gejagt. Bissspuren an Tenontosaurierknochen sowie steckengebliebene und ausgebrochene Zähne dieser Raubsaurier sprechen eine deutliche Sprache. Ganz wehrlos waren die Tenontosaurier bei einem Angriff aber wohl nicht: In Nordamerika wurden in der Nähe einiger Skelette von *Tenontosaurus*, die von einem Rudel *Deinonychus* getötet worden waren, auch Skelette dieser gut drei Meter langen Raubsaurier gefunden. Frische Rippenbrüche und zerschmetterte Schädel zeigen, dass sich *Tenontosaurus* mit mörderischen Schwanzschlägen verteidigt hat. Lagen die Raubsaurier erst einmal am Boden, wurden sie totgetrampelt. Einige Leguanzähner wie *Iguanodon*, das der ganzen Gruppe den Namen gab, hatten außerdem eine lange, scharfe Kralle am Daumen, die sicher auch zur Verteidigung benutzt wurde. Von wegen »harmlose Pflanzenfresser«!

Der amerikanische Paläontologe Jack Horner mit einem Hypsilophodontennest und dem Abguss eines *Maiasaura*-Babys

Zahnbatterie eines Entenschnabeldinosauriers

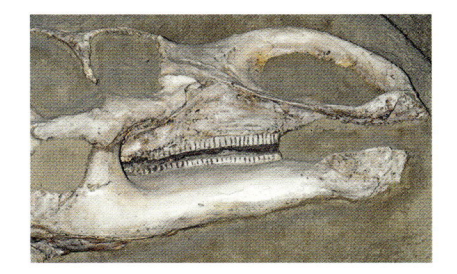

Trompetennasen Alle Leguanzähner hatten große Nasenkammern, ein Zeichen für einen guten Geruchssinn. Bei einer Gruppe von Entenschnäblern, den Lambeosauriern, entwickelte sich aus der Nasenkammer ein gewundenes System aus Nasenröhren, das sich bei einigen Arten hoch über den Schädel wölbte. Damit konnten die Lambeosaurier einen Raubsaurier riechen, bevor er zu sehen war. Es ist aber auch möglich, dass die Lambeosaurier durch ihre gewundenen Nasenröhren trompeten konnten – und zwar jede Art in einer anderen Tonart!

Iguanodon konnte sich dank seiner Daumensporne gegenüber Feinden behaupten.

Iguanodon	
Übersetzung	»Leguanzahn«
Ordnung	Vogelbeckensaurier (Ornithischia)
Gruppe	Cerapoda
Ernährung	Pflanzenfresser
Höhe	4 Meter
Länge	8 Meter
Gewicht	4,5 Tonnen
Zeitraum	lebte in der Unterkreide im heutigen Europa, Asien, Nordamerika und Afrika (sieben beschriebene Arten)

Cerapoda

Die Papageienechse Einige der unglaublichsten Dinofossilen stammen von *Psittacosaurus*. Es gibt zahlreiche vollständig und dreidimensional erhaltene Skelette dieser Tiere. Bei einem aber wurden die Skelettchen von 34 Babys gefunden. Die Kleinen hatten sich an den erwachsenen *Psittacosaurus* gekuschelt, als die Familie in einen Sandsturm geriet. Auch größere Jungtiere wurden zusammen mit Elterntieren fernab von Nistplätzen gefunden. Psittacosaurierrudel passten also offenbar auf ihre Kinder auf, auch nachdem diese das Nest verlassen hatten. Die Kleinen konnten schon kurz nach dem Schlüpfen alleine fressen, wie die abgekauten Zähnchen beweisen.

Psittacosaurus, ein Horndinosaurier aus der Unterkreide Ostasiens

Hörner und Schilde Viele Ceratopsier hatten nach vorne gerichtete Hörner über den Augen und auf der Nase – sie waren gefährliche Waffen gegen angreifende Raubsaurier. Davon zeugen Schrammspuren an Raubsaurierknochen, aber auch abgebissene Hörner. Auch bei Rangeleien zwischen Tieren im Rudel wurden die Hörner benutzt, ganz wie bei heutigen Hornträgern.

Die Nackenschilde der Horndinosaurier boten übrigens kaum Schutz: Oft waren sie dünn und hatten große Löcher, die von Haut überspannt waren. Vielleicht waren sie auffällig gefärbt, um die Tiere größer erscheinen zu lassen. Weil Farben nicht erhalten sind, lässt sich das nicht beweisen. Leider!

Skelett eines Triceratops

Hornschädler

Der früheste bekannte Horndinosaurier ist der 1,20 Meter lange *Yinlong* aus dem Oberjura Chinas. Der breite Schädel dieses »versteckten Drachens« – das bedeutet sein chinesischer Name nämlich – ist kaum länger als hoch. Über seinen Augen wölbte sich ein Knochenwulst, der sich in einem Kragen über dem Hinterkopf fortsetzte. Das überwiegend zweibeinig laufende Tier hatte einen Hornschnabel, die langen Eckzähne erinnern an *Heterodontosaurus*. Ein einzelner kleiner Knochen am Vorderende des Oberkiefers beweist aber, dass *Yinlong* tatsächlich ein Ceratopsier und kein Vogelfüßer (Ornithopode) ist. Diesen Knochen gibt es nämlich nur bei den Ceratopsiern. *Yinlong* war vermutlich noch ein Allesfresser.

Während der Unterkreide änderte sich die Gestalt der Ceratopsia kaum. Am besten ist *Psittacosaurus* aus der Unterkreide Chinas bekannt. Die »Papageienechse« hatte einen hakenförmigen Hornschnabel, ein einfaches Kaugebiss und fraß überwiegend Pflanzen. Einige Psittacosaurier sind perfekt erhalten. Daher weiß man, wie ihre Haut beschaffen war, wie die Hufe aussahen und was sie fraßen. Eine Bürste aus Hornstacheln über dem Schwanz war allerdings eine Riesenüberraschung!

Bis in die frühe Oberkreide hinein wurden die meisten Ceratopsia kaum größer als drei Meter. Die meisten von ihnen, wie *Protoceratops* aus der Wüste Gobi, hatten einen kleinen Nackenschild und allenfalls

Die auffälligsten Merkmale von *Psittacosaurus,* der Papageienechse, sind die kurze, schnabelartige Schnauze und der Borstenschwanz.

42

Vogelbeckendinosaurier – wehrhafte Vegetarier

kurze Hornzapfen auf Wangen und Nase. Diese Tiere bewegten sich zunehmend auf allen vieren fort. Weil die Vorderbeine nun das Gewicht des Kopfes mittrugen, war der Weg frei für die Entwicklung der eigentlichen Ceratopsia mit ihren hörnerstarrenden Riesenschädeln. *Zuniceratops* aus den USA war der erste bekannte Ceratopsier, bei dem das Hauptgewicht des Körpers auf den Vorderbeinen ruhte, weil sein riesiger Kopf sehr schwer war. Das drei Meter lange Tier hatte zwei große Hörner über den Augen und einen Nackenschild.

Erst in der obersten Kreide entwickelten sich die großen Hornträger. Der berühmteste von ihnen ist der knapp zehn Meter lange und zehn Tonnen schwere *Triceratops*. Sein über zwei Meter langer Schädel war in einen Nackenschild ausgezogen, der den Hals vollständig bedeckte. Über den Augen wuchs jeweils ein bis einen Meter langes Horn, und auf seiner Nase saß ein drittes. Wie eine Mischung aus Stier und Nashorn kam *Triceratops* – das »Dreihorn« – daher.

Der Ceratopsier mit den meisten Hörnern ist der bis zu fünf Meter lange *Styracosaurus,* die »Spießechse«. Auf dem Rand seines Nackenschilds saßen bis zu acht spitze, nach hinten gerichtete Hörner. Die Wangenknochen trugen jeweils noch ein kurzes Horn, ein langes saß auf der Nase. *Styracosaurus* wurde in Kanada gefunden. Ceratopsier sind fast nur vom Nordkontinent Laurasia bekannt.

Styracosaurus aus der Oberkreide Nordamerikas hatte ein bis zu 50 Zentimeter langes Nasenhorn. Sein Nackenschild war von Hörnern umkränzt.

Pachyrhinosaurus baute nicht auf Hörner, sondern auf seine dicke Nasenplatte, die er wie einen Rammbock benutzte.

Das Fünfhorn *Pentaceratops* wurde acht Meter lang und hatte den größten Nackenschild aller Ceratopsier.

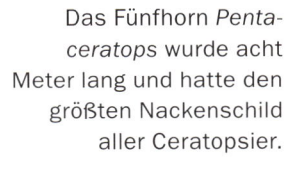

Triceratops horridus

Übersetzung	»schreckliches Dreihorngesicht«
Ordnung	Vogelbeckensaurier (Ornithischia)
Gruppe	Cerapoda – Horndinosaurier (Ceratopsia)
Ernährung	Pflanzenfresser
Höhe	3 Meter
Länge	9 Meter
Gewicht	10 Tonnen
Zeitraum	lebte in der Oberkreide des heutigen Nordamerika

Cerapoda

Dickschädel

Oft ist es nur ein Bruchstück der dicken Schädelkapsel, was von einem »Dickschädelsaurier« (Pachycephalosaurier) übrig geblieben ist. Kein Wunder, dass über diese Dickschädel so wenig bekannt ist. Die Pachycephalosauria sind bisher nur aus der Kreide Ostasiens und Nordamerikas überliefert. Das Auffälligste an den Dickschädlern ist ihr dickes Schädeldach. Bei einigen Formen war es kuppelförmig gewölbt, weshalb diese Tiere auch als Domschädler bezeichnet werden. Andere Dickschädelsaurier dagegen hatten einen ganz flachen Schädel.

Die Schädelkuppel der Domschädler war glatt und von einem Kranz aus Dornen und Höckern umgeben, die am Hinterkopf besonders weit hervorstanden. Auch auf der Nase und im Bereich der Stirn vor den Augenhöhlen saßen solche Höcker. Der übrige Schädel, auch die Kanten des Unterkiefers, waren von kleinen Pustelchen übersät. *Pachycephalosaurus* aus der Oberkreide Nordamerikas ist ein Beispiel für einen solchen Domschädler. Er ist nicht nur der am besten bekannte, sondern auch mit geschätzten acht Metern Länge der größte bekannte Pachycephalosaurier.

Von den flachschädeligen Formen ist der etwa drei Meter lange *Homocephale* aus der Oberkreide Chinas am besten erhalten. Der Hinterrand seines flachen, glatten Schädeldachs trägt einen Saum kleiner Dornen.

Wozu brauchte ein Pachycephalosaurier sein dickes Schädeldach? Beim Anblick des massiven Schädels von

Dracorex hogwarti, ein besonders stacheliger Pachycephalosaurier. Nur sein Schädel ist bekannt.

Der Dämon des Höllenflusses Der merkwürdigste aller Domschädler ist *Stygimoloch*, der »Dämon des Höllenflusses«, aus der nordamerikanischen Oberkreide. Die Seitenränder seiner Schädelkuppel, Nase, Wangen und die Kanten des Unterkiefers sind über und über mit Dornen und Höckern besetzt. Und auf beiden Seiten des Hinterkopfes saß jeweils ein nach hinten gerichteter Stachel. Dadurch erinnert der Schädel von *Stygimoloch* etwas an den einer Ziege.

Das Gebiss der Dickschädelsaurier war bestens geeignet, um weiche Pflanzen, Nadeln und Blätter abzuzupfen und zu zerhäckseln. Kleine Tiere und Aas dienten vielleicht als Beifutter.

Gleich kracht's! So könnte es ausgesehen haben, wenn zwei *Stegoceras*-Männchen aufeinander losgingen, die ihre Schädel wie einen Rammbock benutzten. Vor Aufregung ist ihr Kopf ganz rot.

Vogelbeckendinosaurier – wehrhafte Vegetarier

Stegoceras schien die Antwort auf diese Frage klar. Wie Widder rannten die Domschädler mit ihren Köpfen gegeneinander, um ihre Rangordnung zu regeln. Ihre steife Rumpfwirbelsäule und ihr breites Becken sprechen für diese Art des Kräftemessens. Die Flachschädler dagegen lieferten sich wohl eher Schiebekämpfe. Doch weshalb hatten auch die Weibchen solche Dickschädel?

Es kamen Zweifel an der Theorie von den Schädelkämpfen auf, als auch noch Blutgefäßrinnen auf den dicken Schädelknochen entdeckt wurden – ein Hinweis auf eine Haut- oder Hornkappe. Manche Wissenschaftler glauben heute, dass sich auf dem Kopf der Domschädler ein riesiges Horn erhob! Andere vermuten, dass der ganze Schädel nur Schau war und der Arterkennung diente, doch wozu war das Schädeldach dann so dick und stabil?

Es ist wahrscheinlich, dass auf den dicken Schädelknochen tatsächlich eine Hornkappe saß, deren Form wir nicht kennen. Von einem Raubsaurierrudel in die Enge getrieben, hätte sich ein Dickschädelsaurier so mit Rammstößen seinen Weg freikämpfen können. Voraussetzung dafür ist, dass die Blutgefäße gut geschützt waren, wie etwa bei Büffeln, die sich ebenfalls mit ihren Hörnern verteidigen. Die Dornen am Hinterkopf könnten die Saurier gegen Bisse in den Nacken geschützt haben, wenn ein Raubsaurier zupacken wollte. *Stygimoloch* oder *Dracorex* hätten einem unachtsamen Raubsaurier mit ihren Hörnern das Gesicht zerstechen können.

Der Drachenkönig von Hogwarts Einer der größten Flachschädler ist *Dracorex*. Sein Schädel, der zusammen mit einigen Skelettresten in Gesteinsschichten aus der Oberkreide Nordamerikas gefunden wurde, ist 45 Zentimeter lang. Die Stacheln an seinem Hinterkopf sind teilweise zu langen Spießen ausgezogen, die an einen der Drachen im Film *Harry Potter und der Feuerkelch* (England/USA 2005, Regie: Mike Newell) erinnern – im Bild oben verfolgt er Harry (gespielt von Daniel Radcliffe) durch die Luft. Deshalb erhielt der Dinosaurier den Namen *Dracorex hogwarti*, »Drachenkönig von Hogwarts«.

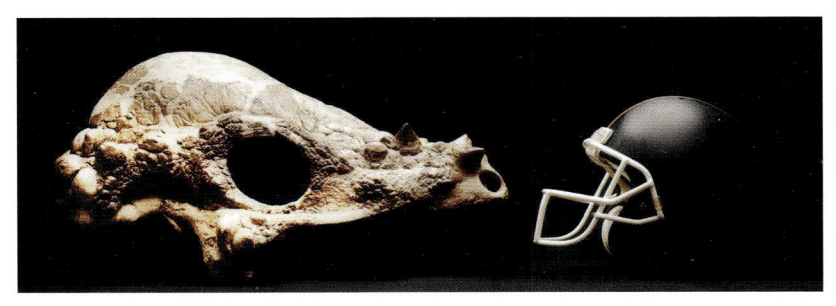

Der Schädel eines *Pachycephalosaurus* hat verblüffende Ähnlichkeit mit einem Football-Helm. Ob er auch so funktionierte?

Die Schädelform von *Stegoceras* erinnert an ein Ei.

Stegoceras	
Übersetzung	»Horndach«
Ordnung	Vogelbeckensaurier (Ornithischia)
Gruppe	Cerapoda
Ernährung	Pflanzenfresser
Höhe	60 Zentimeter
Länge	2 Meter
Gewicht	25 Kilo
Zeitraum	lebte in der Oberkreide des heutigen Nordamerika

Panzersaurier

Edmontonia gehört zu den Nodosauriden. Die Angehörigen dieser Untergruppe der Ankylosaurier hatten keine Schwanzkeule, waren dafür aber bestachelt.

Minmi aus der Unterkreide Australiens war ein leicht gebauter, langbeiniger Ankylosaurier von zwei Metern Länge, der wie *Scelidosaurus* sicher flüchtete, wenn er von Raubsauriern angegriffen wurde.

Die Überreste dieses Ankylosauriers wurden in der Wüste Gobi gefunden.

Ankylosaurier – mit Panzer und Keule

Die Saurier, die zur Gruppe der »Panzersaurier« (Thyreophora) zusammengefasst werden, waren – wie alle Vogelbeckensaurier – Pflanzenfresser. Auffällig ist ihre Panzerung, die sich über Nacken, Rücken und Schwanz zog und der Gruppe ihren Namen gab. Zu ihnen gehören nur zwei Gruppen: die Ankylosaurier und die Stegosaurier. Ihre Panzerung bestand aus Knochenplatten oder -stacheln in der Rückenhaut, die in zwei oder mehreren Längsreihen angeordnet waren und sicherlich gut gegen Bisse schützten. Im Verhältnis zu den massigen Körpern der Panzerdinos war ihr Kopf winzig. Ihr Gehirn war so groß wie eine Walnuss. Dafür hatten die Panzersaurier im Becken eine Art zweites Gehirn, einen großen Nervenknoten, der möglicherweise Reflexe steuerte. Die Panzerträger bewegten sich auf allen vieren fort. Das Hauptgewicht trugen die Hinterbeine. An ihren kurzen Fingern und Zehen saßen Krallen, die aber wie Hufe aussahen. Thyreophora waren besonders auf dem Nordkontinent Laurasia verbreitet. Nur wenige Formen sind vom Südkontinent Gondwana bekannt.

Die Ankylosauria erscheinen im Unterjura Europas und Nordamerikas. Der vier Meter lange *Scelidosaurus* ist einer der ältesten. Sein lückenloser Panzer aus Hornschuppen war leicht, er bestand aus einzelnen höckerförmigen Platten, die auf Rücken und Flanken zu Längsreihen angeordnet waren. Auch in der Haut von Hals und Vorderbeinen saßen solche Schuppen. Im Oberjura tauchten dann Ankylosauria mit teilweise geschlosse-

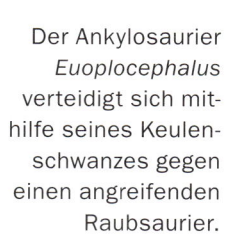

Das riecht nach Gefahr! Die Ankylosaurier waren weltweit verbreitet. Ihre Überreste wurden sogar in der Antarktis entdeckt. Trotz zahlreicher Funde ist wenig über die Lebensweise dieser Tiere bekannt. Die Nasenkammer der Ankylosaurier ist ähnlich wie bei den Lambeosauriern von einem komplizierten Röhrensystem durchzogen, was für einen ausgezeichneten Geruchssinn spricht. Kein Wunder! Je früher ein Ankylosaurier einen Feind bemerkte, desto besser konnte er sich auf einen Angriff vorbereiten. Möglicherweise erzeugten Ankylosaurier auch mithilfe der Nase Töne, um sich gegenseitig zu warnen. Die Zähne der behäbigen Pflanzenfresser waren klein und blattförmig. Forscher gehen davon aus, dass gründliches Kauen damit unmöglich war. Die Nahrung, weiche Pflanzen und Blätter, wurde ähnlich wie bei den Langhalsdinosauriern in riesigen Därmen langsam vergoren. Ein Ankylosaurier glich einem wandelnden Silo.

Der Ankylosaurier *Euoplocephalus* verteidigt sich mithilfe seines Keulenschwanzes gegen einen angreifenden Raubsaurier.

Vogelbeckendinosaurier – wehrhafte Vegetarier

nen Rückenpanzern auf. Bei manchen von ihnen wuchsen sich einige Panzerplatten zu Stacheln aus. Bei *Edmontonia* z. B. waren die Seiten von Körper und Schwanz durch einen Kranz aus Stacheln geschützt. Am Hals waren sie besonders lang. Ein Raubsaurier hatte kaum eine Chance, diese Festung aus Panzer und Stacheln zu knacken. Die Saurier drehten dem Angreifer ihre Stacheln entgegen und wehrten sich nach Kräften mit ihrem Peitschenschwanz. Selbst der kleine Schädel der Tiere war mit verknöcherten Hautschuppen gepanzert. Alle Öffnungen (außer den Augenhöhlen und Nasenlöchern natürlich) waren verschlossen. Das winzige Gehirn lag so extrem gut geschützt tief im Schädel wie in einer geschlossenen Kapsel! Sogar ihre Augenlider waren gepanzert. Das gab es nur bei den Ankylosauriern.

Andere Ankylosaurier wie der sechs Meter lange *Euoplocephalus* aus der Oberkreide Nordamerikas hatten leichter gebaute Rückenpanzer und kaum Stacheln, dafür saß am Ende ihres Schwanzes eine Knochenkeule, mit der sie einem Angreifer die Knochen zerschmettern konnten. Im Falle einer Raubsaurierattacke peitschte *Euoplocephalus* seine Schwanzkeule hin und her und drehte den Kopf weg. Ein wütender *Euoplocephalus* konnte einem *Tyrannosaurus* mit einem Schlag seiner Schwanzkeule das Schienbein brechen!

Für ein Experiment bauten Wissenschaftler den Keulenschwanz eines *Ankylosaurus* nach und berechneten die Kraft, mit welcher die Keule bewegt werden konnte. Die Wucht des Schlags war so gewaltig, dass ein Telegrafenmast knirschend zersplitterte.

Ankylosaurus Der bekannteste Ankylosaurier ist *Ankylosaurus*, der der ganzen Gruppe den Namen gab. Mit bis zu 9 Metern Länge und einem geschätzten Gewicht von etwa 3,5 Tonnen war er einer der größten Ankylosaurier überhaupt. Er lebte in der Oberkreide Nordamerikas. Der Panzer von *Ankylosaurus* bestand aus großen Platten, die in Längsreihen und Ringen angeordnet waren. Das Tier hatte keine Stacheln, sondern stumpfe Hörner. Es verteidigte sich ausschließlich mit mörderischen Schlägen seiner Schwanzkeule.

Euoplocephalus tutus

Übersetzung	»geschützter, gut gepanzerter Kopf«
Ordnung	Vogelbeckensaurier (Ornithischia)
Gruppe	Panzersaurier (Thyreophora)
Ernährung	Pflanzenfresser
Höhe	2,5 Meter
Länge	6 Meter
Gewicht	2 Tonnen
Zeitraum	lebte in der Oberkreide des heutigen Nordamerika

Panzersaurier

Stegosaurier – Dinos mit Stachelschwanz

Auch die Stegosauria, die zweite Gruppe der Panzerdinosaurier, verteidigten sich mit wuchtigen Schwanzschlägen. Ihre Panzerung bestand aus einer Doppelreihe stachel- oder plattenförmiger Hautknochen, die im Unterschied zu den Panzerplatten der Ankylosaurier aber senkrecht aus der Haut ragten, vor allem an Hals und Brust. Die Lenden und der Schwanz waren mit Stacheln besetzt. Manche Stegosaurier, z. B. *Kentrosaurus* aus dem Oberjura Afrikas, hatten fast ausschließlich Stacheln entlang dem Rücken. Andere, wie der berühmte *Stegosaurus*, trugen statt Stacheln riesige Knochenplatten, die entfernt an Flügel erinnern. *Stegosaurus* aus dem Oberjura Nordamerikas war mit neun Metern Länge und einer Höhe von vier Metern einer der größten Stegosaurier.

Stegosaurier zogen in Herden gemächlich ihres Weges. Mit ihren kurzen Vorderbeinen konnten sie nicht schnell laufen und die Panzerung verhinderte das Aufrichten auf die Hinterbeine bei der Flucht. Wurden sie von einer Raubsauriermeute angegriffen, hatten die behäbigen Tiere also keine Chance, davonzurennen. Sie stellten sich ihren Angreifern. Vier gut einen Meter lange Stacheln machten einen Stegosaurierschwanz zu einer fürchter-

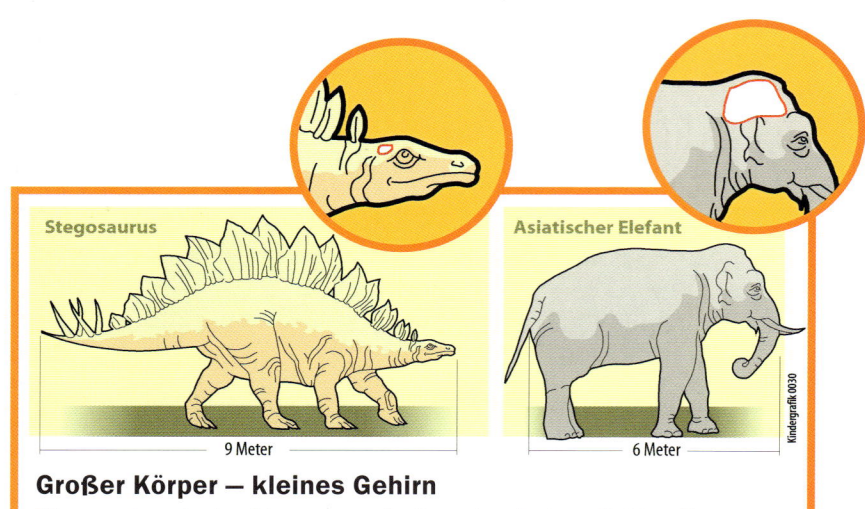

Silos auf vier Beinen Stegosaurier waren weltweit verbreitet, doch scheinen sie auf den Südkontinenten seltener gewesen zu sein. Jedenfalls sind die Funde von dort sehr spärlich. Ähnlich wie bei den Ankylosauriern war das Gebiss der Stegosaurier zum gründlichen Kauen der Pflanzennahrung ungeeignet. Mit ihren spitzen Schnäbeln suchten sich die Stegosaurier am Boden die nahrhaftesten Pflanzen aus, zupften sie ab und verschluckten sie unzerkaut. Weil Magensteine bisher nicht gefunden wurden, haben die Stegosaurier ihre Nahrung wahrscheinlich ähnlich wie die Ankylosaurier durch Gärung aufgeschlossen. Der Geruch der Verdauungsgase muss schlimm gewesen sein …

Die Schwanzstacheln von Stegosaurus *standen zur Seite ab und waren fest mit der Wirbelsäule verbunden.*

Stegosaurus – 9 Meter
Asiatischer Elefant – 6 Meter

Großer Körper – kleines Gehirn
Dinosaurier wie der *Stegosaurus* hatten ein winziges Gehirn. Es war so klein wie eine Walnuss. Zum Vergleich: Das Gehirn eines Elefanten ist etwa so groß wie eine kleine Melone.

Die Hinterbeine der Stegosaurier sind länger als ihre Vorderbeine. Deshalb trugen sie ihren Schwanz mit den gefährlichen Stacheln meist höher über dem Boden als ihren Kopf.

Vogelbeckendinosaurier – wehrhafte Vegetarier

lichen Verteidigungswaffe. Weil die Kolosse mit ihren kleinen Hirnchen wohl kaum schlau genug waren, einen Verteidigungsring zu bilden, verteidigte sich jeder selbst. Bemerkte ein Stegosaurier den Angriff eines Raubsauriers rechtzeitig, wandte er dem Angreifer sofort sein Hinterteil zu und fing an, seinen Stachelschwanz hin und her zu schlagen. Der Raubsaurier musste höllisch aufpassen, nicht in die Reichweite des peitschenden Schwanzes zu kommen. Ein Treffer konnte tödlich enden. Die Stacheln oder Panzerplatten entlang dem Stegosaurierrücken verhinderten Bisse in den Rücken, indem sie einen angreifenden Raubsaurier auf Abstand hielten. Selbst ein großer *Allosaurus* hatte so kaum eine Chance, einen tödlichen Biss in Kopf und Hals eines Stegosauriers zu setzen. Gegen zwei oder drei große Raubsaurier hatte ein Stegosaurier jedoch kaum eine Chance.

Unklar ist, warum *Stegosaurus* und einige andere Stegosaurierarten die riesigen, rautenförmigen Knochenplatten entlang dem Rücken entwickelt haben, wo doch Stacheln zur Verteidigung besser geeignet gewesen wären. Manche Wissenschaftler glauben, dass die Platten bei der Regulierung der Körpertemperatur eine Rolle spielten. Vielleicht konnte ein Stegosaurier so mehr Wärme tanken und schneller aktiv werden als ein Artgenosse mit Stacheln? Andere vermuten, dass sich die Knochenplatten bei Aufregung grell verfärbten und das Tier so imposanter erscheinen ließen.

Das Stachelschwein unter den Dinos *Huayangosaurus* aus dem Mitteljura Chinas ist einer der ältesten bekannten Stegosaurier. Er wurde etwa 4,50 Meter lang und trug wie die meisten Stegosaurier eine Doppelreihe von Knochenplatten auf seinem Rücken. Auf der Oberseite des Schwanzes standen dagegen kräftige, scharfe Stacheln. Der säbelförmige Stachel im Schulterbereich ist auch von anderen Stegosaurierarten bekannt, doch nur bei *Huayangosaurus* sind auch noch die Körperflanken hinter den Schulterstacheln durch dicke Panzerplatten geschützt. Als einziger Stegosaurier hatte *Huayangosaurus* lange Vorderbeine. Das Tier kam daher wie ein riesenhaftes Stachelschwein.

Skelett eines etwa vier Meter langen *Kentrosaurus* aus dem Oberjura Afrikas

Stegosaurus	
Übersetzung	»Dachechse«
Ordnung	Vogelbeckensaurier (Ornithischia)
Gruppe	Panzersaurier (Thyreophora)
Ernährung	Pflanzenfresser
Höhe	4 Meter
Länge	9 Meter
Gewicht	2,5 Tonnen
Zeitraum	lebte im Oberjura des heutigen Nordamerika (drei Arten)

Zwei *Pteranodon* mit einer Flügelspannweite von etwa sieben Metern fischen über dem Oberkreidemeer Nordamerikas.

Zeitgenossen der Dinosaurier

Zu Beginn des Erdmittelalters, während der Trias, entwickelten sich neben den Dinosauriern noch andere Reptilien, die nicht mit ihnen verwandt waren: die Meeres- und die Flugsaurier. Während die Dinosaurier das Festland bevölkerten, besiedelten sie die Gewässer und durchsegelten die Lüfte. Unter ihnen gab es Giganten, die den Dinos ebenbürtig waren: gefährliche Meeressaurier, riesige Krokodile und gigantische Flieger. Wie die Dinosaurier erlebten sie in der Jura und Kreide ihre Blüte.

Mit dem Ende der Trias hatten die Dinosaurier fast jeden Winkel des festen Landes besiedelt. Die Meere aber gehörten zu dieser Zeit den Ichthyosauriern (»Fischechsen«) und Nothosauriern (»Mischlingsechsen«), die dort Beute jagten. Aus den Nothosauriern entwickelten sich in der Unterjura die Plesiosaurier – das bedeutet »Beinahe-Echsen«. In der Unterjura tauchen die ersten Meereskrokodile auf, in der Oberjura auch riesige Meeresschildkröten. Diese wurden in der Oberkreide von den Mosasauriern, riesigen Meeresechsen, erbeutet. In den großen Flüssen und Seen lauerten gigantische, über zehn Meter große Krokodile wie *Sarcosuchus* und *Deinosuchus* auf Beute. Mancher unachtsame Dinosaurier fiel diesen Killern beim Trinken zum Opfer.

Der Luftraum gehörte bis zum Beginn der Kreidezeit ausschließlich den Flugsauriern, die auch Pterosaurier genannt werden. Sie erschienen wie die Ichthyosaurier in der Trias und erreichten während der Jura und Kreide eine unglaubliche Formenvielfalt. Im Luftraum muss ein ganz schönes Gewimmel geherrscht haben. In der Oberkreide entwickelten sich wahre Riesenflieger mit mehr als zehn Metern Flügelspannweite.

Die letzten Nachfahren der Meeresreptilien aus der Zeit der Dinosaurier sind heute lebende Schildkröten, Krokodile und Warane.

Echsen der Meere

Mary Anning Untrennbar mit der Entdeckungsgeschichte der Ichthyosaurier und Plesiosaurier verbunden ist der Name Mary Anning. Sie wurde 1799 im südenglischen Küstenort Lyme Regis geboren. Ihr Vater besserte seinen Tischlerlohn mit dem Verkauf von Fossilien auf. Als er starb, begann die zehnjährige Mary, zusammen mit ihrem Bruder Joseph nach Fossilien zu suchen, um Geld zu verdienen. Ihr erster großer Fund war ein *Ichthyosaurus* – das erste vollständige Ichthyosaurierskelett der Welt! Als sie 22 Jahre alt war, entdeckte Mary den ersten vollständigen Plesiosaurier. Der Paläontologe William Conybeare veröffentlichte das Stück und machte Mary weltbekannt. Mary Anning war die erste professionelle Privatsammlerin, die der Wissenschaft diente.

Das Skelett eines Ichthyosauriers

Räuber unter Wasser

Die teilweise gigantischen Meeressaurier des Erdmittelalters wie die Ichthyosaurier, Plesiosaurier und Mosasaurier standen den an Land lebenden Raubsauriern bezüglich der Größe in nichts nach.

Ichthyosaurier – »Fischechsen« – sind im Schnitt vier Meter lange Echsen in Fischgestalt. Sie bekamen lebende Junge, die mit dem Schwanz voran geboren wurden, und waren gute Schwimmer, die Tintenfische und kleine Fische jagten. Ihre lange, spitze Schnauze bot im Wasser kaum Widerstand. Bei der Jagd schob sich ein Ichthyosaurier mit der Schnauze an seiner Beute vorbei und schlug dann nach der Seite zu. Dabei orientierte er sich mithilfe seiner riesigen Augen. Die Ichthyosaurier steuerten mithilfe zweier Flossenpaare, eine Rückenflosse stabilisierte sie beim Schwimmen. Um vorwärts zu kommen, schlugen sie seitlich mit der Schwanzflosse, die (im Unterschied zur waagerechten Schwanzflosse der Delfine) senkrecht stand. Diese Schwanzflosse entstand jedoch erst in der Obertrias. Frühe Ichthyosaurier hatten noch einen geraden Schwanz. Die größten Ichthyosaurier waren gut 20 Meter lang wie z. B. *Shonisaurus* aus der Obertrias Nordamerikas.

Die Ichthyosaurier teilten sich die Meere mit den Plesiosauriern – gefährlichen Räubern, die in zwei Gruppen unterteilt werden: Langhalsplesiosaurier und Pliosaurier. Ihre tonnenförmigen Körper wurden von zwei Paar Flossen angetrieben. Wie Flügel bewegten sich die beiden

Cryptoclidus, ein Plesiosaurier, der die Meere des mittleren Jura bevölkerte, schnappt nach kleinen Fischen. Er wurde bis zu acht Meter lang. Schnelles Schwimmen war mit einem so langen Hals unmöglich.

Zeitgenossen der Dinosaurier

Die ersten Dinosaurier, die sich ins Meer wagten, waren die bezahnten Tauchvögel der Oberkreide wie z. B. der etwa ein Meter große *Hesperornis*. Sie starben am Ende der Kreide wieder aus.

Flossenpaare abwechselnd auf und ab. Nur der kraftvolle Abschlag trieb sie voran, dann wurden die Unterwasserflügel von der Strömung nach oben getragen.

Die Langhalsplesiosaurier hatten kleine Köpfe und einen langen Hals. Mit ihren nadelscharfen Zähnen fingen sie kleine Meerestiere aller Art. Mit ausholenden Bewegungen des langen Halses wurde die Beute verfolgt, bis sie in Reichweite der Kiefer war. Der größte Langhalsplesiosaurier, *Elasmosaurus* aus der Oberkreide Nordamerikas, wurde bis zu 14 Meter lang!

Die kurzhalsigen Pliosaurier waren so etwas wie die Tyrannosaurier unter den Meeressauriern. Sie hatten mächtige Kiefer, die mit riesigen Zähnen bestückt waren. Die größten Pliosaurier waren etwa 15 Meter lang, allein der Schädel maß drei Meter. Pliosaurier jagten große Meerestiere. Im Bauch eines zehn Meter langen *Kronosaurus* aus Australien fand sich ein drei Meter langer Langhalsplesiosaurier! Beißmarken in einem Pliosaurierschädel aus dem Jura Mexikos deuten auf Pliosaurier von mehr als 20 Metern Länge hin. Damit wären Pliosaurier neben dem Pottwal die größten Raubtiere aller Zeiten.

Außer den Ichthyo- und den Plesiosauriern gab es noch die Mosasaurier, bis zu 14 Meter lange Eidechsen mit einem langen, schlanken Körper, vier Flossen und einem fürchterlichen Gebiss. Mit ihren beweglichen Kiefern konnten sie große Beutetiere verschlingen. Mosasaurier stehen den Waranen nahe, den größten Eidechsen unserer Zeit.

Tylosaurus ist mit 14 Metern Länge einer der größten Mosasaurier.

Wer ist wer unter den Meeressauriern? Mit Riesenaugen, scheibchenförmigen Wirbeln, der schnabelförmigen Schnauze und der senkrechten Schwanzflosse, deren Unterlappen von der abgeknickten Wirbelsäule gestützt wird, sind die Ichthyosaurier einzigartig unter den Meeresreptilien. Während der Ursprung der Ichthyosaurier bis heute unklar ist, gehören die Plesiosaurier zu eidechsenartigen Reptilien, die sich bereits in der Permzeit von den Vorläufern der Dinos abgespalten haben. Trotz ihrer Größe gehören die Mosasaurier einer Gruppe moderner Eidechsen an, nämlich den Waranen.

Drama im Kreidemeer: Ein zehn Meter langer Pliosaurier hat sich einen drei Meter langen Plesiosaurier geschnappt.

Saurier der Lüfte

Auf ledernen Schwingen

Die Flugsaurier oder Pterosauria sind die ersten Wirbeltiere, die sich mit Flügelschlägen durch die Lüfte bewegten. Wie die Dinosaurier tauchten sie vor 228 Millionen Jahre in der Obertrias auf. Über keine andere ausgestorbene Wirbeltiergruppe kennen wir so viele Details.

Die meisten Knochen der Flugsaurier waren innen hohl, mit Luft gefüllt und federleicht – so mussten die Saurier nicht viel Gewicht in die Luft heben. Die Arme der Pterosaurier waren im Verhältnis zum Körper riesig – sie trugen die Flughaut und wurden mithilfe mächtiger Flugmuskeln auf und ab bewegt.

Eine wichtige Rolle beim Spannen der Flughaut spielte neben den Armen der vierte Finger, der sogenannte »Flugfinger«. Er war riesenlang und konnte in seinem Grundgelenk nach hinten geklappt werden, sodass sich die Flughaut mit seiner Hilfe auffalten und zusammenklappen ließ wie ein Fächer. Die drei vorderen Finger waren dagegen klein und trugen scharfe Krallen. Von der Spitze des Flugfingers spannte sich die Hauptflughaut bis zur Fußwurzel.

Neben der großen Hauptflughaut gab es noch zwei weitere, kleinere Flughäute: die Vorflughaut und die Schwanzflughaut. Die Vorflughaut setzte an der Schulter an und spannte sich an der Vorderseite des Arms bis hin zur Handwurzel. Mithilfe eines Knochens an der Vor-

Knochenmikado Der Italiener Cosimo Alessandro Collini arbeitete im Mannheimer Naturalienkabinett und hatte die Aufgabe, die Fossilien der Sammlungen zu bestimmen. Mit einem Stück aber kam er einfach nicht zurecht: Der Schädel erinnerte an den Schädel eines Ichthyosauriers, dafür war er jedoch zu klein. Ein Vogel war das Wesen auch nicht, denn es hatte Zähne. Und dann waren da noch die vielen stabförmigen Knochen … Collini zeichnete das Fossil ab und veröffentlichte es 1784 als »Schnabelgreif«. Die Zeichnung fiel dem berühmten französischen Anatomen Georges Cuvier in die Hände. Er erkannte sofort, dass das Tier ein Reptil war. Die hohlen, filigranen Knochen waren die eines Fliegers, der seine Flughaut mithilfe eines enorm verlängerten Fingers aufspannte. Er nannte das Tier deshalb »Flügelfinger«, auf Französisch »pterodactyle«. Dieser Begriff bildet die Grundlage für die Benennung der Pterodactyloidea. Heute heißt Collinis Pterosaurier *Pterodactylus antiquus* und ruht in der Bayerischen Staatssammlung in München.

Am Boden liefen die Pterosaurier auf vier Beinen. Wenn sie sich in die Luft erhoben, sprangen die Tiere mit allen vieren gleichzeitig ab. Von einer Fährte weiß man, dass die Pterosaurier beim Landen dagegen zuerst mit den Hinterbeinen aufsetzten, dann folgten die Vorderbeine.

Oben: Der Mini-Flugsaurier *Anurognathus* mit einer Flügelspannweite von 30 Zentimetern bei der Jagd auf eine Libelle

Zeitgenossen der Dinosaurier

Die ersten fliegenden Dinosaurier, die Vögel, erhoben sich mit Beginn der Oberkreide in die Lüfte, erreichten aber erst gegen Ende der Kreide die Flugfertigkeit eines Pterosauriers. Zu echten Konkurrenten wurden sie nie.

derkante konnten die Flugsaurier die Vorflughaut spannen. Dieser sogenannte Spannknochen funktionierte also ähnlich wie der Flugfinger.

Die Schwanzflughaut saß zwischen Hinterbeinen und Schwanzwurzel und setzte an der fünften Zehe an. Auch die Zehen selbst waren durch eine Spannhaut verbunden. Die beiden Extraflughäute halfen den Flugsauriern beim Steuern, Langschwanzflugsaurier konnten zusätzlich noch mit dem Schwanz lenken.

Im Oberjura erscheinen kurzschwänzige Pterosaurier mit langen Hälsen und langen Schädeln, die teilweise länger als der Körper waren – die Pterodactyloidea. Sie breiten sich über die ganze Welt aus, während die Langschwanzflugsaurier zu Beginn der Kreide aussterben. Manche entwickelten zahnlose Hornschnäbel wie die Vögel, andere filterten mit feinen Borstenzähnen Plankton aus dem Wasser, ähnlich den heutigen Bartenwalen. Viele behielten aber auch ihre scharfen Zähne und schnappten sich damit kleine Beutetiere.

Von den Flugsauriern wurden Hunderte von Skeletten gefunden. Die schönsten stammen aus Bayern, China und Brasilien. In den feinkörnigen Gesteinen sind sogar Blutgefäße und Muskelfasern erhalten geblieben. So sind selbst Aussagen über den Stoffwechsel der Pterosaurier möglich. Pterosaurierküken schlüpften gleich nach dem Legen aus ihren dünnschaligen Eiern und erhoben sich kurz danach in die Lüfte. Der Körper der Flugsaurier war übrigens mit hornigen Borsten, einer Art Pelz, bedeckt wie der Drache Fuchur aus dem Film *Die unendliche Geschichte*. Sie müssen wie Drachen aus einem Fantasy-Roman ausgesehen haben!

Das größte Flugtier aller Zeiten war mit etwa 14 Metern Spannweite *Hatzegopteryx* aus Rumänien.

Die Flughäute der großen Pterosaurier hatten ausgefaltet eine Spannweite von bis zu 14 Metern.

Warmblütige Flieger Die Flughäute der Pterosaurier bestanden aus mehreren Schichten, sie waren ledrig und stark durchblutet. Bei Tag nahmen sie Sonnenwärme auf. Feine Kühlrippen auf der Oberhaut und ein Bindegewebsschaum darunter verhinderten eine Überhitzung. Die Pterosaurier nutzten die Sonnenwärme auch, um ihre Körpertemperatur zu halten. Stand die Sonne tief, wurde diese Aufgabe von den oft riesenhaften Scheitelkämmen übernommen, die viele der Flugsaurier auf dem Kopf trugen. Zum Wärmetransport diente das Blut. Nachts oder bei schlechtem Wetter wurde die Blutzufuhr in die Flügel gedrosselt, um einen Wärmeverlust zu vermeiden, und der pelzige Körper erzeugte seine Wärme selbst. Diese sonnengestützte Warmblütigkeit der Pterosaurier ist einzigartig in der Tierwelt.

Die Flughaut eines Flugsauriers und die Schwingen eines Vogelflügels im Vergleich

Modell des Zwergflugsauriers *Jeholopterus* aus der Unterkreide Chinas, Flügelspannweite: 30 Zentimeter

Zwei polnische Dinodetektive untersuchen eine Dinosaurierfährte.

Die Arbeit der Dinodetektive

Alljährlich machen sich Dinodetektive weltweit auf die Suche nach Dinosaurierskeletten. Manchmal haben sie Glück, z. B., wenn eine versteinerte Dinoherde gefunden wird. Da gibt es natürlich viel zu entdecken! Die meisten Dinosaurier werden jedoch zufällig gefunden – meist in Steinbrüchen und Baugruben. Oft werden Dinoknochen auch durch Erdrutsche freigelegt, vom Meer oder von Flüssen freigespült oder vom Wind freigeblasen. Am häufigsten stößt man auf Einzelknochen oder Zähne, ganze Skelette sind selten. Dinosaurier mit versteinerten Weichteilen sind noch viel seltener – wie ein Sechser im Lotto! Doch nicht nur die versteinerten Dinos sind für die Rekonstruktion wichtig, sondern auch die Spuren, die die lebenden Dinos hinterlassen haben. So erzählen versteinerte Fährten, wie die Tiere gelaufen sind und wie ihre Fußsohlen ausgesehen haben. Aus versteinertem Kot und fossilen Mageninhalten können wir auf die Nahrung der Dinos schließen.

Einen Dinosaurier auszugraben ist auch heute noch ein Abenteuer und dauert oft Jahre. Jeder Knochen muss im Gelände eingemessen werden, damit man später weiß, wie das Skelett gelegen hat. Brüchige Knochen werden eingegipst, damit sie beim Transport nicht kaputtgehen. Im Museum geht die Arbeit weiter: Präparatoren legen in langwieriger Kleinstarbeit Knochen um Knochen frei und ergänzen, was fehlt. Dann erst kann ein Skelett zusammengebaut werden. Schließlich steht es dann da, das Skelett, und lässt erahnen, wie der Dinosaurier einmal ausgesehen haben mag. Doch was für eine Körperform hatte er? Wie sah seine Haut aus? Und welche Farbe hatte sie?

Die Arbeit der Dinodetektive wird so schnell nicht enden. Sie hat sich in den letzten Jahren grundlegend geändert – genau wie die Gerichtsmediziner von heute machen sich auch die Dinoforscher die moderne Technik für die Untersuchung ihrer »Toten« zunutze.

Dinoforschung damals und heute

> **Grabungen früher: Der Knochenkrieg** Als im 19. Jahrhundert immer mehr Saurierfundstellen entdeckt wurden, schickten die Museen Grabungsexpeditionen in alle Welt. Wer zuerst kam, konnte mit der Veröffentlichung der Funde Furore machen. Im Jahr 1872 entbrannte in den USA ein wahrer Knochenkrieg zwischen den beiden Paläontologen Othniel Charles Marsh und Edward Drinker Cope: Zwanzig Jahre lang gruben sie einander Fundstellen ab, zerschlugen Fundstücke, bestachen Grundstücksbesitzer und Politiker und bestahlen einander im Wettlauf um das Finden einer neuen Art. Der »Knochenkrieg« füllte die Museumsmagazine mit neuem Dinosauriermaterial. Viele Funde aus dieser Zeit gehören heute zu den bekanntesten Dinosauriern der Welt. 
>
> *Edward Drinker Cope*    *Expeditionsteam mit Othniel Charles Marsh (Mitte hinten)*

Der Amerikaner Barnum Brown erlebte den Knochenkrieg als Kind. Später wurde er einer der erfolgreichsten Ausgräber überhaupt. Der »Dinosaurierdetektiv« (so wurde er genannt) konzentrierte sich später bei seinen Ausgrabungen auf die nordamerikanische Kreide. Er entdeckte acht neue Dinosaurierarten, darunter den ersten *Tyrannosaurus rex*.

Dino-Boom

Seit der Entdeckung der ersten Dinosaurierknochen hat sich das Aussehen der Dinosaurier in der Vorstellung der Forscher ständig verändert. Richard Owens Dinosaurierrekonstruktionen erinnern an riesenhafte, schuppige Säugetiere. Dann folgte eine Zeit, in der die Wissenschaftler Dinosaurier für dumme und plumpe Reptilien hielten, die ausstarben, weil sie zwar viel Panzer, aber wenig Gehirn hatten.

Das Interesse des breiten Publikums an den Urzeitechsen erwachte erst, als der amerikanische Paläontologe John Ostrom Anfang der 1960er-Jahre verkündete, dass die heutigen Vögel aus Raubsauriern hervorgegangen seien. Neu war die Idee zwar nicht, aber diesmal schlug sie ein wie eine Bombe. Einer seiner Schüler, Robert Bakker, behauptete kurze Zeit später, dass die Dinosaurier warmblütige Intelligenzbestien gewesen seien. Nun wurden die Dinos plötzlich interessant für die Welt. Bücher mit neuen Rekonstruktionen überschwemmten den Markt: Aus klugen Vogelaugen blickten die »neuen« Dinos den Betrachter an. Mancher Raubsaurier hatte plötzlich Federn, auch ohne fossilen Beweis. So fanden die Dinos schließlich nicht nur ihren Weg in die Kinderzimmer, sondern auch in den Film. Rumpelten die Dinos in dem tschechischen Schwarzweißfilm *Reise in die Urwelt* aus den 1950er-Jahren noch unbeholfen über die Leinwand, machten ihnen vierzig Jahre später neue Tricktechniken Beine.

Die Arbeit der Dinodetektive

Die Dinodetektive richteten ihr Augenmerk nun ebenfalls auf neue Techniken. Heute fahnden sie in hauchdünnen Knochenquerschliffen nach Hinweisen auf Lebensalter und Wachstum der Dinosaurier. Mithilfe von Computertomografen lassen sich Dinoknochen scheibchenweise durchleuchten und dreidimensional abbilden. Dank komplizierter Computeranalysen kann man so z. B. die Beweglichkeit von Gelenken erfahren. Stück für Stück finden die Forscher heraus, wie die Tiere gelaufen sind, wie sie gefressen haben, ja sogar, welche Kräfte ihre Knochen und Zähne dabei aushalten konnten. Wurden Dinosauriereier früher noch geröntgt, um zu sehen, was sich darin verbirgt, werden sie heute in Teilchenbeschleunigern durchleuchtet. Damit lassen sich selbst die zartesten Weichteile eines Dinobabys dreidimensional anschauen!

Auch bei den Grabungen geht nichts ohne moderne Technik. Mit Bodenradar werden Knochen durch das Gestein hindurch schon vor dem Ausgraben sichtbar gemacht. Ein Forscherteam ist den chemischen Signalen unsichtbarer Weichteile in der Umgebung von Dinosaurierskeletten auf der Spur; das Ziel: die Zusammensetzung von Muskeln und Haut der Dinos herausfinden.

Eines wird immer ein Traum bleiben: die Dinosaurier aus fossilem Erbgut neu zu züchten wie in dem Film *Jurassic Park*. Versteinertes Dinoerbgut gibt es zwar, doch das wurde im Laufe der Jahrmillionen so zerstört, dass es nicht mehr aktiviert werden kann. Das ist auch gut so! In einer Dinosaurierwelt hätten wir Menschen keine Chance.

Grabungen heute Die Ausgrabung steht auch heute noch am Anfang der Dinosaurierforschung. Viele Fundstellen sind nur zu Fuß, zu Pferd oder mit dem Hubschrauber erreichbar. Wie vor 150 Jahren wird nach wie vor meist mit Schaufel, Spitzhacke, Besen und Bürste gearbeitet. Sind die Knochen einmal freigelegt, werden sie mit dem Kompass eingemessen. Für den Transport werden die Knochen mit Gips oder Bauschaum gesichert. Eins ist aber auch heute noch bei jeder Grabung gleich: die Handarbeit!

Die Präparationslabors wurden mehr und mehr zu Chemielabors. Mit neuen Kunststoffen und Klebern konnten die fragilen Knochen viel besser stabilisiert werden als mit Gips und Knochenleim.

Das Bodenradar ist eine feine Sache: Sendet man elektromagnetische Wellen in eine Gesteinsschicht mit Dinosaurierknochen, wird ein Teil der Wellen von den Knochen zurückgeworfen und das Skelett so auf dem Bildschirm sichtbar.

Dinoforschung damals und heute

Dinosaurier heute Dinosaurier haben heute einen festen Platz in unserer Gesellschaft. Ein Dinosauriermuseum ist ein echter Publikumsmagnet. Dinosaurierfundstellen sind daher heute der Stolz vieler Länder – auch des lieben Geldes wegen. Wer ein Skelett kaufen will, muss tief in die Tasche greifen, sogar für einen Abguss. Originale sind unbezahlbar.

Politische Rangeleien sind in der Dinoforschung zum traurigen Alltag geworden: Grabungsgenehmigungen müssen oft teuer bezahlt werden. Funde dürfen meist nicht außer Landes gebracht werden – nicht einmal leihweise. Doch je strenger die Ausfuhrgesetze, desto mehr blüht der Schwarzmarkt, obwohl illegalen Gräbern und Händlern empfindliche Strafen drohen. Die zu horrenden Preisen eingekauften Fundstücke landen oft in Privatsammlungen und sind dadurch für die Wissenschaft verloren. Viele Privatsammler arbeiten glücklicherweise eng mit Wissenschaftlern zusammen. Es gibt auch private Dinosauriermuseen, die wichtige Stücke aufkaufen und so der Wissenschaft erhalten. Die Dinosaurier haben es also bis hinein in die Politik geschafft. Dabei gehören sie doch eigentlich der ganzen Welt – unsere heutigen Länder gab es zu ihrer Zeit ja noch nicht. Manche Länder haben mittlerweile erkannt, dass kontrollierter Handel den Schwarzmarkt austrocknen kann. Gerade in armen Ländern kann ein Steinbruchbesitzer so etwas nebenher verdienen – genau wie damals Mary Anning.

Jeder Fund ist ein einzigartiges Denkmal aus der Vergangenheit und sollte auch so behandelt werden.

Bei Ausstellungseröffnungen lässt sich oft die politische Prominenz blicken – besonders, wenn es um Dinos geht.

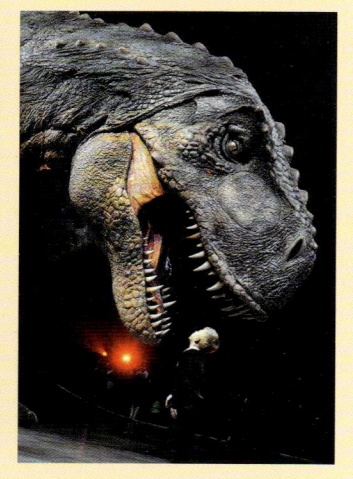

Dinos locken Leute an! Hier schaut ein Kind einem T. rex ins Maul – einem Modell natürlich.

Abstammungsstreit und Aussterbetheorien

Gute Dinosaurierrekonstruktionen sehen einander heute sehr ähnlich. Meist unterscheiden sie sich nur in Farbe und Hautstruktur. Das liegt daran, dass meist keine versteinerte Haut erhalten geblieben ist. So bleibt die Hautfarbe weitgehend der Fantasie überlassen. Auch über Fortbewegungsweise und Warmblütigkeit der Dinosaurier herrscht weitgehend Einigkeit. Wer glaubt, es gäbe deshalb unter den Wissenschaftlern nichts mehr zu streiten, der irrt aber.

Statt Knochenkriegen gibt es heute den Stammbaumstreit. Viele Dinoforscher sortieren die Dinos mithilfe von Computerprogrammen nach ihrer Ähnlichkeit und bilden so Stammbäume. Dazu werden festgelegte Unterscheidungsmerkmale wie die Form der Zähne, die Lage der Löcher im Schädel oder Fortsätze an Knochen benutzt. Die Sache hat jedoch einen Haken: Weil neue Funde oft auch neue Merkmale liefern, ändern sich diese Stammbäume ständig. Außerdem sind sich viele Wissenschaftler nicht einig, welche Merkmale die »richtigen« sind. Kurz: Es gibt verschiedene Dinostammbäume und keiner davon ist hundertprozentig »richtig«.

Auch die große Frage, »Warum sind die Dinosaurier ausgestorben?«, sorgt immer wieder für Streit unter den Wissenschaftlern. Eine beliebte Theorie ist die vom Meteoriteneinschlag bei Yucatán im Süden Mexikos. Dieser Meteorit knallte jedoch gut 200 000 Jahre vor dem Ende der Dinosaurierzeit auf die Erde und hatte weniger Folgen, als lange vermutet. Falls an dieser Theorie etwas dran

Die Arbeit der Dinodetektive

ist, dann müsste ein Meteorit genau zum Ende der Kreide auf die Erde aufgeschlagen sein, doch wo, das ist bisher unbekannt. Tatsache ist, dass die Dinos bereits mit dem Ende der Unterkreide seltener wurden, besonders die großen. In dieser Zeit begannen die Kontinente, von Süden her auseinanderzubrechen. Der Atlantik wurde also immer größer und polare Meeresströmungen drängten in Richtung Äquator. Das Klima begann verrückt zu spielen. Gegen Ende der Unterkreide stieg der Meeresspiegel gewaltig an. Die Küstenebenen versanken im Meer, die weiten Hochebenen verwandelten sich in Inseln. Alte Wanderwege der Dinos wurden überflutet.

Das Zerbrechen der Kontinente war außerdem von einem gigantischen Vulkanismus begleitet. Glutwolkenausbrüche von Supervulkanen bliesen ihre Asche- und Giftgaswolken in die Atmosphäre und formten ganze Gebirgszüge. Wenn heute ein einziger Vulkanausbruch das Wetter über Jahre beeinflussen kann, was mögen die Supervulkane der Oberkreide wohl angerichtet haben?

Die Meteoriteneinschläge waren also wahrscheinlich nur noch das »Tüpfelchen auf dem i«. Warum aber sind die großen Dinos ausgestorben, während Vögel, Krokodile, Schildkröten, Eidechsen, Schlangen und auch die Säugetiere überlebten?

Bevor wir etwas über das Sterben der Urzeitgiganten sagen können, müssen wir noch mehr über ihr Leben wissen – es gibt also Arbeit in Hülle und Fülle für künftige Dinodetektive!

Heftige Vulkanausbrüche am Ende der Kreide waren mitverantwortlich für das Aussterben der großen Dinosaurier.

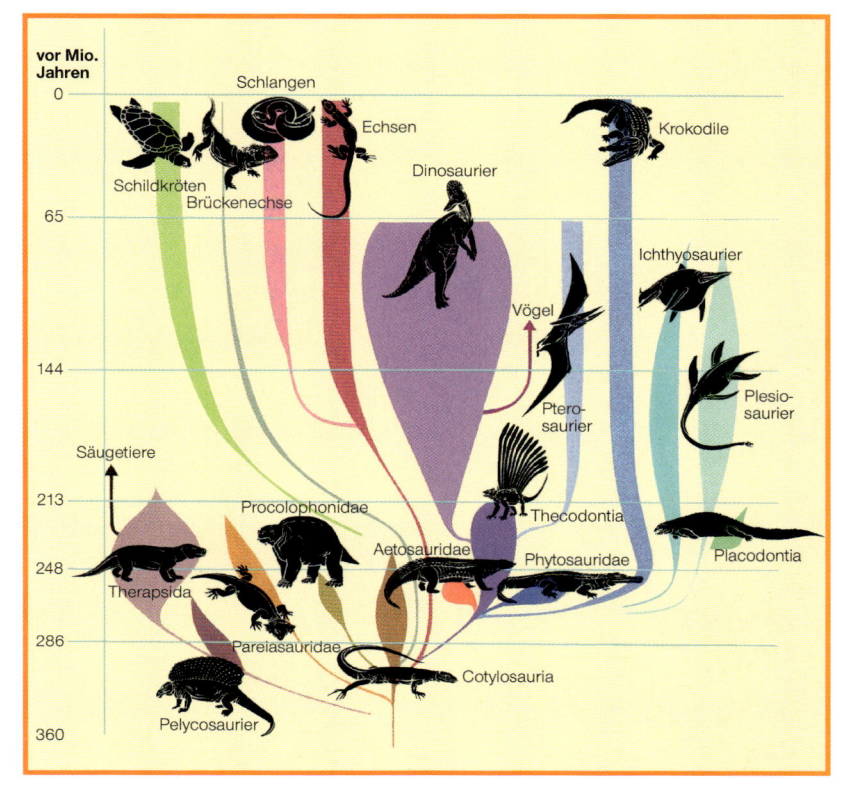

Ein Stammbaum der Reptilien – ein ewiger Streitpunkt

Die Theorie vom tödlichen Meteoriteneinschlag ist heute sehr umstritten!

Der Anstieg des Meeresspiegels und die Zerstückelung ihres Lebensraums durch driftende Kontinente macht den Dinosauriern während der Kreidezeit das Leben schwer.

61

Fundstellen weltweit

Eoraptor	*Eocursor*	*Brachiosaurus*	*Iguanodon*	*Argentinosaurus*	*Tyrannosaurus*	*Mamenchisaurus*
Ichthyosaurus (Fischsaurier)	*Stegosaurus*	*Pterodactylus* (Flugsaurier)	*Velociraptor*	*Nigersaurus*	*Euoplocephalus*	*Stegoceras*
Therizinosaurus	*Archaeopteryx*		*Dilophosaurus*	*Cryptoclidus* (Plesiosaurier)	*Triceratops*	

Tipps für Nachwuchsforscher

Kleine Chronik der Dinofunde

1677 Robert Plot findet einen Knochen des Raubsauriers *Megalosaurus,* hält ihn aber für den Knochen eines Riesen.
1812 Mary Anning entdeckt das Skelett eines *Ichthyosaurus.*
1822 Gideon Mantell findet fossile Zähne von *Iguanodon.*
1823 Mary Anning findet die Überreste eines Plesiosauriers.
1824 Wissenschaftliche Erstbeschreibung von *Megalosaurus* durch William Buckland.
1834 Erster belegter Skelettfund eines Dinos in Deutschland: Johann Friedrich Engelhart entdeckt bei Nürnberg die Überreste eines *Plateosaurus.*
1849 Auf der Isle of Wight wird ein *Hypsilophodon* gefunden.
Um 1850 *Compsognathus* wird in Süddeutschland gefunden.
1858 Der Hobbygeologe William Parker Foulke entdeckt das erste Dinosaurierskelett in Nordamerika. Der Fund löst in den USA ein Dinofieber aus.
1861 *Archaeopteryx* wird in der Nähe von Solnhofen in Süddeutschland gefunden.
1868–1897 Während der sogenannten *bone wars* (»Knochenkriege«) entdecken und beschreiben die beiden wetteifernden Forscher Edward Drinker Cope und Othniel Charles Marsh in den USA 142 neue Dinosaurierarten.
1878 In einer Kohlegrube im belgischen Bernissart entdecken Arbeiter ein *Iguanodon*-Massengrab.
1901 Der Paläontologe Eberhard Fraas entdeckt in Tendaguru in Afrika *Brachiosaurus, Kentrosaurus* und *Dicraeosaurus.*
1902 In Montana (USA) findet der Fossilienjäger Barnum Brown das erste Skelett eines *Tyrannosaurus rex.*
1909 Eine Expedition unter Leitung des Berliner Forschers Werner Janensch fördert in Tansania u. a. das Skelett von *Brachiosaurus* zutage, das heute in Berlin zu sehen ist.
1922–1925 In der Wüste Gobi werden u. a. *Velociraptor, Tarbosaurus* und Nester mit Eiern von *Protoceratops* entdeckt.
Um 1930 Der chinesische Paläontologe C. C. Young entdeckt *Mamenchisaurus.*
1947 In New Mexiko im Südwesten der USA entdeckt der Paläontologe Edwin Colbert Skelette von *Coelophysis.*
1964 John Ostrom findet in Dakota (USA) Fossilien von *Deinonychus.*
1978 In Montana (USA) werden Nester mit Eiern und Dino-Babys von *Maiasaura* gefunden.
1981 *Avimimus* aus der Wüste Chinas wird beschrieben. Man vermutet, dass er Federn hatte.
1985 Als José Bonaparte in Argentinien die Überreste von *Carnotaurus* und *Abelisaurus* entdeckt, bricht auch in Südamerika das Dino-Fieber aus.
1988 Der Paläontologe Paul Sereno legt in Argentinien Überreste des Raubsauriers *Herrerasaurus* frei.
1990 Susan Hendrickson findet in South Dakota (USA) das größte *Tyrannosaurus*-Skelett, das bisher bekannt ist.
1991 Paul Sereno entdeckt das Fossil des ersten uns heute bekannten Dinos: *Eoraptor.*
1993 Die Überreste von *Argentinosaurus* werden in Argentinien gefunden.
1995 *Giganotosaurus* wird in Argentinien entdeckt.
1996 Paul Sereno stößt in Nordafrika auf die Überreste von *Carcharodontosaurus.* In der Nähe von Peking wird *Sinosauropteryx* gefunden.
2003 Sensationsfund eines *Microraptors* in China, der Schwungfedern besaß.
2004 In China werden die Überreste mehrerer Psittacosaurier entdeckt.
2005 In Afrika werden Prosauropodennester mit Embryonen und Jungtieren gefunden.
2007 Die ältesten Sauropodenfährten der Welt werden in der Schweiz entdeckt.
2009 Auf der Schwäbischen Alb wird die älteste Feder gefunden.
2010 Der älteste Vorläufer der Dinosaurier, *Asilisaurus* aus der Mitteltrias Afrikas, wird beschrieben.

Museen

Dinosaurierpark Münchehagen
Alte Zollstraße 5
31 547 Rehburg-Loccum
www.dinopark.de

Museum am Löwentor Stuttgart
Rosenstein 1
70 191 Stuttgart
www.naturkundemuseum-bw.de/stuttgart

Museum für Naturkunde Berlin
Invalidenstraße 43
10 115 Berlin
www.naturkundemuseum-berlin.de

Naturkundemuseum Karlsruhe
Erbprinzenstraße 13
76 133 Karlsruhe
www.smnk.de/kinder/kinder.swf

Naturmuseum Senckenberg
Senckenberganlage 25
60 325 Frankfurt am Main
www.senckenberg.de

Paläontologisches Museum München
Richard-Wagner-Straße 10,
80 333 München
www.palmuc.de

Österreich
Naturhistorisches Museum Wien
Burgring 7
1014 Wien
www.nhm-wien.ac.at

Schweiz
Naturhistorisches Museum Basel,
Augustinergasse 2
4001 Basel
www.nmb.bs.ch

Sauriermuseum Aathal
Zürichstraße 202
8607 Aathal
www.sauriermuseum.ch

Filmtipps

BBC: Dinosaurier – Im Reich der Giganten, DVD 1999, ab 6 Jahren. Hier werden die Dinosaurier im Stil von Tierfilmen wieder lebendig.
Jurassic Park, DVD 2000, ab 12 Jahren. Wissenschaftler erwecken Dinosaurier wieder zum Leben. Das geht schief.
Discovery Channel: Als die Dinosaurier die Welt beherrschten, 2 DVDs 2005. Eine Dokumentation über die Arbeit der Forscher.

Fundstätten

Fossilfundstätte Holzmaden mit Urwelt-Museum Hauff
Aichelberger Straße 90
73 271 Holzmaden
In den Ölschieferbrüchen können Besucher selbst nach Fossilien suchen.
www.urweltmuseum.de

Grube Messel
Rossdörfer Straße 108
64 409 Messel
Die fossilienreiche Grube gehört zum UNESCO Weltkulturerbe. Auf Führungen kann man Forschern über die Schulter schauen.
www.grube-messel.de

Juramuseum Eichstätt
Burgstraße 19
85 072 Eichstätt
Auf geführten Exkursionen kann man den Plattenkalk selbst abbauen oder im Besuchersteinbruch Fossilien sammeln.
www.jura-museum.de

Museum Solnhofen
Bahnhofstraße 8
91 807 Solnhofen
Auch im Steinbruch von Solnhofen können Besucher selbst nach Fossilien suchen.
www.fossilien-solnhofen.de

Schweiz
Steinbruch Lommiswill/Oberdorf und Naturmuseum Solothurn
Hier können von einer Plattform aus Dinosaurierfährten besichtigt werden. Infos zur Anfahrt unter:
www.naturmuseum-so.ch

Tongrube Gruhalde mit Sauriermuseum Frick
Schulstrasse 22,
5070 Frick
Vom Museum aus führt ein Dino-Lehrpfad zur Tongrube, in der u. a. ein *Plateosaurus* gefunden wurde.
www.sauriermuseum-frick.ch

Register

Abelisaurier 19
Allesfresser 9, 13, 15, 23, 24, 37, 38, 39
Allosaurus 16, 18, 20, 21, 49
Amargasaurus 34, 35
Amphicoelias 31, 34, 63
Anserimimus 22, 23
Ankylosauria 15, 37, 46 f., 48
Ankylosaurus 47
Anning, Mary 52, 63
Anurognathus 54
Apatosaurus 9, 63
Archaeopteryx 11, 26, 27, 62, 63
Archosaurier 12, 13, 14
Archosauromorpha 9, 12, 13
Argentinosaurus 2, 11, 28, 29, 34, 35, 62, 63
Aussterben 60 f.
Avimimus 24, 63
Bakker, Robert 58
Barosaurus 32, 33
Baryonyx 21
Behaarung 21, 22, 25, 26, 27, 55
Beipaosaurus 22
Bonaparte, José 19, 63
Brachiosaurus 4, 5, 10, 14, 17, 30, 31, 33, 34, 62, 63
Brontosaurus 9
Brown, Barnum 58, 63
Buckland, William 6, 63
Camarasaurus 29, 33
Carcharodontosaurus 20, 63
Carnegie, Andrew 8
Carnotaurus 19, 63
Caudipteryx 24, 25
Cerapoda 15, 37, 39, 40–45
Ceratopsia 15, 37, 38, 42 f.
Ceratosauria 14, 18, 19
Ceratosaurus 18, 19
Cetiosaurus 28
Coelophysis 19, 63
Collini, Cosimo Alessandro 54
Compsognathus 18, 63
Conybeare, William 52
Cope, Edward Drinker 58, 63
Cryptoclidus 10, 52, 62
Cuvier, Georges 6, 54
Deinonychosauria 25, 26
Deinonychus 25, 41, 63
Deinosuchus 51
Dickschädelsaurier s. Pachycephalosauria
Dicraeosaurier 35
Dicraeosaurus 32, 33, 63
Dilophosaurus 5, 10, 18, 19, 62
Dinosauria 7, 9, 14
Diplodocidae 9, 34, 35

Diplodocoidea 29, 34
Diplodocus 8, 14, 17, 29, 63
Dracorex 44, 45
Echsenbeckensaurier s. Saurischia
Edmontonia 46, 47
Edmontosaurus 40
Elaphrosaurus 19
Elasmosaurus 53
Entenschnabelsaurier s. Hadrosauridae
Eocursor 10, 38, 39, 62
Eoraptor 10, 13, 62, 63
Erdaltertum 11
Erdmittelalter 10, 11, 51, 52
Erdneuzeit 11
Euoplocephalus 11, 46, 47, 62
Euskelosaurus 28
Evolutionstheorie 7
Federn 22, 24, 25, 26, 58, 63
Fleischfresser 9, 10, 13, 14 f., 17, 18, 19, 21, 23, 24, 25, 63
Flugsaurier s. Pterosauria
Fossilien 8, 25, 26, 27, 38, 52, 54, 58, 59, 63
Gallimimus 22, 23
Gansus 26, 27
Giganotosaurus 2, 18, 20, 63
Gigantoraptor 24
Gondwana 10, 11, 37
Hadrosauridae 37, 40
Hatzegopteryx 55
Herrerasauridae 14
Herrerasaurus 13, 63
Heterodontosauridae 38, 39
Heterodontosaurus 39, 42
Homocephale 44
Horndinosaurier s. Ceratopsia
Huayangosaurus 49
Hylaeosaurus 15
Hypsilophodontidae 37, 39, 41
Ichthyosaurier 51, 52, 53, 54, 61
Ichthyosaurus 10, 62, 63
Iguanodon 6, 7, 11, 15, 36, 38, 40 f., 62, 63
Jeholopterus 55
Jura 6, 10, 11, 16, 19, 20, 25, 26, 27, 28, 29, 31, 32, 33, 34, 37, 38, 39, 40, 42, 46, 48, 49, 51, 52, 53, 55
Kentrosaurus 48, 49, 63
Klima 10, 11, 61
»Knochenkrieg« 58, 60, 63
Kontinentaldrift 10
Kreide 9, 11, 19, 20, 21, 23, 25, 26, 27, 29, 32, 33, 34, 35, 37, 38, 40, 41, 42, 43, 44, 45, 47, 50, 51, 53, 55, 58, 61

Kronosaurus 53
Lagosuchus 12
Lambeosaurier 41, 46
Langhalsdinosaurier s. Sauropoda
Laurasia 10, 11, 43, 46
Ligabueino 19
Lycorhinus 38
Macronaria 29
Maiasaura 40, 41, 63
Mamenchisaurus 10, 32, 33, 62, 63
Mantell, Gideon 7, 63
Marginocephalia 15
Marsh, Othniel Charles 8, 9, 58, 63
Meeressaurier 51, 52 f.
Megalosaurus 6, 18, 20, 21, 63
Meyer, Hermann von 26
Microraptor 25, 26, 63
Minmi 46
Mosasaurier 51, 52, 53
Nigersaurus 11, 35, 62
Nodosauridae 46
Nothosaurier 51
Nothronychus 22, 23
Ohmdenosaurus 34
Ornithischia 14, 15, 36–49
Ornitholestes 20
Ornithomimosauria 17, 22, 23
Ornithopoda 15, 38, 39, 42
Ostrom, John 58, 63
Oviraptor 17, 24
Oviraptorosauria 24, 25, 26
Owen, Richard 6, 7, 58
Pachycephalosauria 15, 37, 44 f.
Pachycephalosaurus 44, 45
Pachyrhinosaurus 43
Pangäa 10
Panphagia 13
Panzerdinosaurier s. Thyreophora
Pentaceratops 43
Perm 11, 12, 53
Pflanzenfresser 9, 10, 13, 14 f., 17, 18, 21, 23, 24, 28, 29, 30, 31, 33, 35, 37, 38, 41, 43, 45, 46, 47, 48, 49, 63
Phytosaurier 12
Pisanosaurus 15, 38
Plecanomimus 22
Plesiosaurier 10, 51, 52, 53, 61, 63
Pliosaurier 52, 53
Plot, Robert 6, 63
Prosauropoda 14, 28, 29, 63
Protoceratops 24, 42, 63
Psittacosaurus 42, 63
Pteranodon 50
Pterodactyloidea 54, 55
Pterodactylus 10, 62

Pterosauria 51, 54 f., 61
Puertosaurus 29
Raubsaurier 13, 14, 17, 33, 38, 40, 42, 45, 46, 47, 48, 49
Rauisuchier 12, 13
Reptilien 7, 9, 10, 11, 14, 29, 38, 51, 53, 54, 58, 61
Saltasaurus 35
Sarcosuchus 51
Säugetiere 11, 14, 61
Saurischia 9, 14, 17–35
Sauropoda 9, 13, 14, 15, 17, 18, 28–35, 38, 63
Sauropodomorpha 9, 14
Scelidosaurus 46
Shonisaurus 52
Sinosauropteryx 18, 20, 21, 63
Spinosaurier 9, 17, 21
Spinosaurus 9, 18, 20, 21
Stegoceras 11, 44, 45, 62
Stegosauria 14, 15, 46, 48 f.
Stegosaurus 11, 48, 62, 63
Stromer von Reichenbach, Ernst 21
Struthiomimus 22
Stygimoloch 44, 45
Styracosaurus 43
Synapsida 11
Tarbosaurus 2, 63
Tenontosaurus 25, 41
Tertiär 11
Tetanurae 14, 18, 19, 20
Therizinosauria 22, 23, 26
Therizinosaurus 11, 22, 23, 62
Theropoda 14, 15, 17, 18–27, 31, 58
Thyreophora 15, 37, 38, 46–49
Tianyulong 38
Titanosaurier 17, 29, 33, 34, 35
Trias 10, 11, 12, 13, 18, 28, 39, 51, 52, 54, 63
Triceratops 11, 42, 43, 62, 63
Tylosaurus 53
Tyrannosaurier 17, 53
Tyrannosaurus 5, 11, 14, 18, 20, 21, 47, 58, 60, 62, 63
Tyrannotitan 20
Utahraptor 25
Velociraptor 11, 18, 20, 25, 62, 63
Vögel 11, 12, 14, 17, 25, 26, 27, 54, 55, 58, 61, 63
Vogelbeckensaurier s. Ornithischia
Vulcanodon 29
Waterhouse Hawkins, Benjamin 6
Yinlong 42
Zuniceratops 43

Triceratops

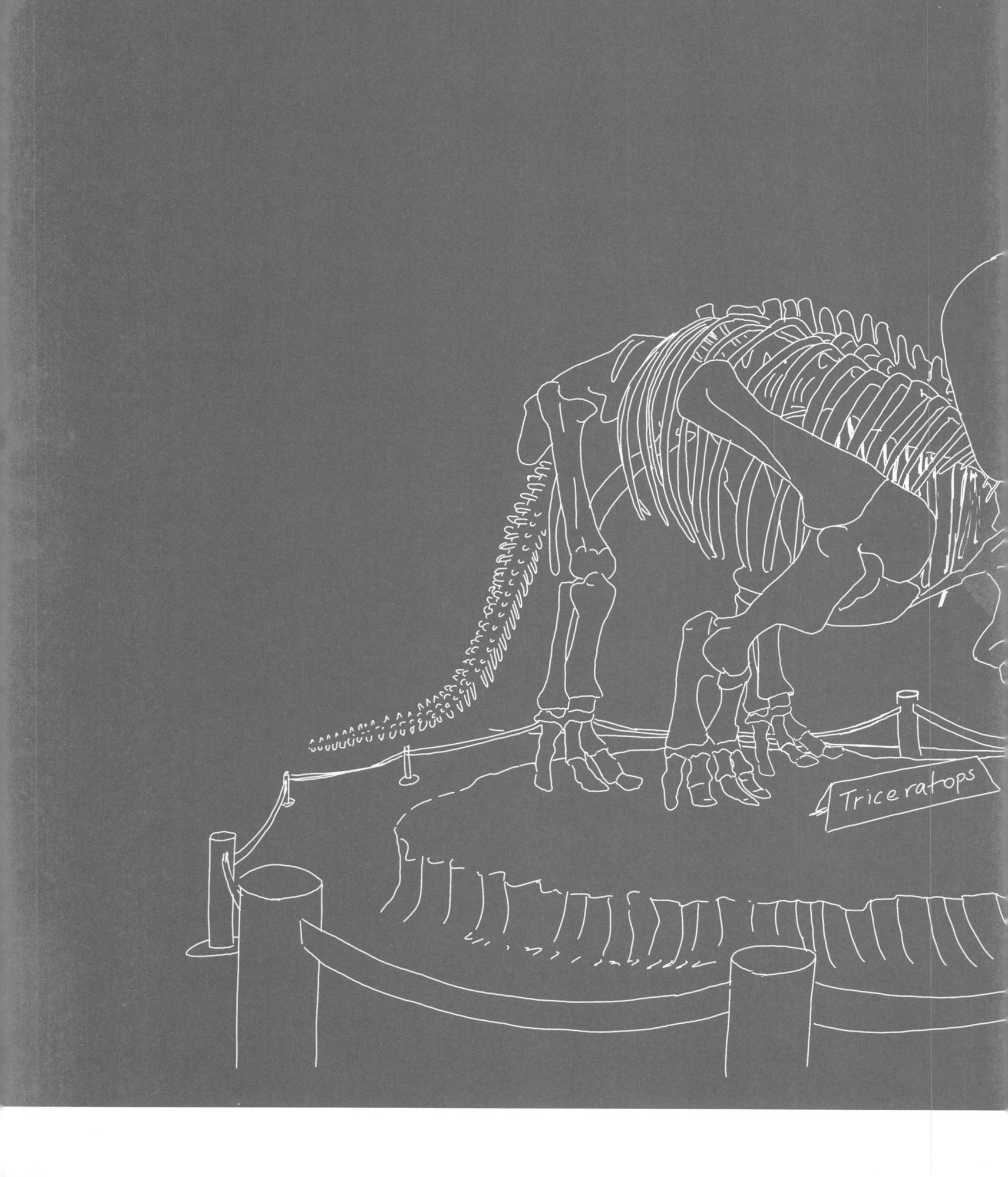